5
MINUTOS CON
JESÚS

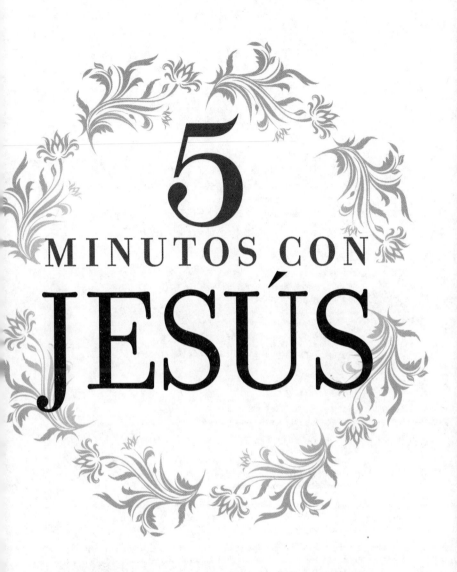

5 MINUTOS CON JESÚS

SHEILA WALSH

CASA
CREACIÓN
Para vivir la Palabra

Para vivir la Palabra

MANTENGAN LOS OJOS ABIERTOS,
AFÉRRENSE A SUS CONVICCIONES,
ENTRÉGUENSE POR COMPLETO,
PERMANEZCAN FIRMES,
Y AMEN TODO EL TIEMPO.
—1 Corintios 16:13-14 (Biblia El Mensaje)

5 minutos con Jesús por Sheila Walsh
Publicado por Casa Creación
Miami, Florida
www.casacreacion.com
©2016 Derechos reservados

Library of Congress Control Number: 2015956446
ISBN trade: 978-1-96043-686-3
ISBN: 978-1-62998-848-1
E-book: 978-1-62998-875-7

Desarrollo editorial: *Grupo Nivel Uno, Inc.*
Adaptación de diseño interior y portada: *Grupo Nivel Uno, Inc.*

Publicado originalmente en inglés bajo el título:
5 Minutes with Jesus
Thomas Nelson, una división de Harper Collins Christian Publishing, Inc.
Copyright © 2015 by Sheila Walsh
Todos los derechos reservados.

Nota de la editorial: Aunque el autor hizo todo lo posible por proveer teléfonos y
páginas de internet correctos al momento de la publicación de este libro, ni la editorial
ni el autor se responsabilizan por errores o cambios que puedan surgir
luego de haberse publicado.

Impreso en Colombia
24 25 26 27 28 LBS 9 8 7 6 5 4 3 2 1

Introducción:
Verdades que transformarán
su agitado estilo de vida

No sé en qué punto de su viaje se encuentra usted, pero algo sí sé: usted está ocupado. Con toda seguridad, tiene una lista de veinticinco cosas por hacer, y tiempo suficiente para hacer solo cinco de ellas... ¡si es que es un buen día! Déjeme decirle que entiendo como se siente. Sé lo que es salir apresuradamente de la casa tachando mentalmente los ítems de una larga lista de cosas por hacer y esperando haberse puesto los dos zapatos iguales, mientras vierte su café en un termo para llevárselo y ruega que el yogurt que lleva en su bolso no explote. ¿Ejercicio? ¿Momentos de soledad? ¿Oración? ¿Cómo podemos introducir todo eso en nuestras frenéticas y trepidantes vidas?

Es un reto, tanto para usted como para mí. ¿Cómo podemos avanzar a través de toda esa locura, en compañía de Jesús? Sé que pareciera que no tenemos tiempo para *nada más*. Pero también sé que el tiempo de Dios no es como el nuestro, y que si le brindamos nuestro tiempo, Él puede hacer más por nosotros en solo cinco minutos de lo que nosotros podemos hacer por nosotros mismos en cinco horas. Jesús dijo que Él vino para que podamos tener vida en abundancia, ¡y estoy segura de que hablaba de una abundancia diferente de la que la mayoría de nosotros vive actualmente! Pero la buena noticia es que, así como un momento con el Salvador transformó innumerables vidas cuando Él estuvo en la tierra, un momento con Él, el día de hoy, puede transformarnos. No obstante, salimos a enfrentar el día olvidándonos completamente de que esa paz, perspectiva y gracia están al alcance de nuestra mano.

Espero que tanto usted como yo podamos encontrar cada día unos minutos de quietud en los que podamos escuchar a Dios hablándonos a través de su Palabra. Espero que al leer la Biblia podamos absorber completamente las palabras que nos llenan de vida. Y en esos momentos valiosos, ruego porque iniciemos una conversación con Jesús que continúe a lo largo del día. Una conversación con Jesús que sirva para animarnos, guiarnos y fortalecernos. Y que con el tiempo, podamos descubrir que estas conversaciones a lo largo del día nos brindan gran paz, a pesar del caos de la vida diaria.

Deseo con todo mi corazón que usted pueda encontrar en cada página una verdad de la Palabra de Dios que le nutra, le sostenga, y le recuerde que no estamos solos. Ese es el gozo del Cuerpo de Cristo: hacer vida juntos. ¡Me encantaría saber cómo estos cinco minutos con Jesús están transformando su vida!

Contaminación sónica

Deténgase un momento y escuche. ¿Qué escucha? Quizás la cortadora de césped del vecino... un perro ladrando a unas casas de distancia... el tic tac de un reloj... los automóviles en la calle.

Ahora deténgase un momento y escuche el ruido *interior*. ¿Qué le impide a su corazón estar en silencio y en paz? Lo más probable es que sean varias cosas porque, aunque anhelamos paz, la vida real siempre se entromete.

Recibimos una llamada del doctor.

Recibimos una nota del maestro por el comportamiento de nuestro hijo.

Perdemos nuestro empleo y tenemos un montón de cuentas por pagar.

¡La vida real no favorece la paz interna!

En la última conversación importante que tuvo con sus amigos más cercanos, Jesús habló de la paz, pero no como hubiéramos esperado que lo hiciera. Cuándo leo que Jesús dice: "Les he dicho todo lo anterior para que en mí tengan paz. Aquí en el mundo tendrán muchas pruebas y tristezas; pero anímense, porque yo he vencido al mundo" (Jn. 16:33), mi primera pregunta es: *¿Qué es "todo lo anterior"?* Si no me hubiese devuelto a Juan 15 para ver lo que Jesús había estado diciendo, me habría imaginado que el secreto de la paz sería algunas de las siguientes cosas:

"Vivirás hasta una edad avanzada".

"Tus hijos crecerán y te llamarán bendito, incluso cuando tengan quince años".

"Siempre tendrás suficiente dinero para todo lo que necesites, y más del que deseas".

"Escucharás al Señor decirte: 'Bien hecho', después de toda una vida de fidelidad".

Suena bien, ¿verdad? Pero nada de eso estaba incluido en el extraño "discurso de la paz" que yo leí. Cuando leemos Juan 15 vemos que Jesús les advierte a sus amigos más cercanos que serán perseguidos y que ya no serán bienvenidos en los lugares a donde solían ir. En Juan 16:2 encontramos estas palabras devastadoras: "Los expulsarán de las sinagogas, y llegará el tiempo en que quienes los maten pensarán que están haciendo un servicio santo para Dios".

Es evidente que la paz de la que habló Jesús no tiene nada que ver con lo que nosotros pensamos. Él les estaba diciendo a sus discípulos, así como a usted y a mí en la actualidad: "Las cosas se pondrán difíciles aquí abajo, pero no se preocupen. Estoy con ustedes. Nunca los dejaré. Y *Yo* soy su paz".

Independientemente de lo que esté ocurriendo en su vida, deténgase un momento y diga en voz alta: "Jesús... Jesús... Jesús". Sepa que Él está *con* usted y *para* usted, incluso cuando la tormenta se desate a su alrededor.

> *La paz no es la ausencia de problemas;*
> *es la presencia de Cristo.*

✒ Cinco minutos en la Palabra ✒

*"Les dejo un regalo: paz en la mente y en el corazón. Y
la paz que yo doy es un regalo que el mundo no puede
dar. Así que no se angustien ni tengan miedo".*
Juan 14:27

"Los que aman tus enseñanzas tienen mucha paz y no tropiezan".
Salmo 119:165

*"Les he dicho todo lo anterior para que en mí tengan paz.
Aquí en el mundo tendrán muchas pruebas y tristezas;
pero anímense, porque yo he vencido al mundo".*
Juan 16:33

*"En paz me acostaré y dormiré, porque solo
tú, oh Señor, me mantendrás a salvo".*
Salmo 4:8

*"Pues nos ha nacido un niño, un hijo se nos ha dado; el
gobierno descansará sobre sus hombros, y será llamado:
Consejero Maravilloso, Dios Poderoso, Padre Eterno, Príncipe
de Paz. Su gobierno y la paz nunca tendrán fin. Reinará con
imparcialidad y justicia desde el trono de su antepasado
David por toda la eternidad. ¡El ferviente compromiso del
Señor de los Ejércitos Celestiales hará que esto suceda!".*
Isaías 9:6–7

Sea honesto con Dios

—¡Estoy muy enojada! —me dijo ella.

Era una forma extraña de iniciar una conversación, pero esta mujer parecía estar fuera de sí.

Yo acababa de terminar la enseñanza y estaba autografiando uno de mis libros para alguien, cuando esta mujer se atravesó entre los dos. Le pedí que esperara un segundo, terminé de firmar el libro y se lo devolví a su ahora preocupado dueño.

—Vamos a caminar un poco —le sugerí a mi nueva enojada amiga. Cuando nos quedamos a solas, le pregunté en voz baja:

—¿Qué le ocurre?

Por un instante pensé que me daría una bofetada. Pero cuando la miré, el hielo en sus ojos se derritió y se transformó en una mirada de dolor. Se arrojó a mis brazos y ríos de lágrimas comenzaron a correr por su rostro.

—He enterrado a dos de mis hijos —me dijo cuándo pudo hablar—. Cada vez que la escucho hablar de su hijo, siento que un cuchillo me atraviesa el corazón.

Esa noche hablamos un buen rato. Durante la conversación, le pregunté si le había expresado toda esa rabia a Dios, y se mostró horrorizada por la sugerencia.

—¡Yo no le puedo hablar a Dios así! —me dijo.

—¿No cree que Él sabe lo que siente? —le pregunté, apretándola fuerte—. Él lo sabe, y aun así la ama. Él lo sabe y quiere que confíe en Él lo suficiente como para expresarle sus sentimientos con total sinceridad.

Y usted, amigo lector, ¿alguna vez lo ha hecho? ¿Alguna vez ha estado a solas con Dios y le ha contado todo, lo bueno, lo malo, lo feo y *lo que sea* que esté pensando o sintiendo? Cuando lo haga, su vida cambiará. Créame, ¡lo digo por experiencia! Pero me tomó años abrirme completamente a Dios. Había vivido gran parte de mi vida llena de vergüenza, con un sentimiento profundo de que, independientemente de lo que hiciera, nunca sería lo suficientemente buena para Dios ni para nadie más. Con base en esa creencia falsa, levanté una muralla alrededor de mi corazón para que nadie pudiera herirme. La muralla me mantenía a salvo, pero también muy solitaria. Una noche, cuando estaba sola en el hospital, sumida en la oscuridad, le expresé a Dios en voz alta todo lo que sentía. No fue agradable... pero tampoco me cayó un rayo. En realidad me sentí mucho más cerca de Él de lo que nunca había estado. Eso hace la verdad. Destruye las murallas.

¿Está dispuesto a tomar ese riesgo el día de hoy? ¿Caerá a los pies de Jesús diciéndole toda la verdad sobre lo que piensa y siente, para permitir que su amor le devuelva la vida?

> Dios conoce toda su historia,
> y aun así lo ama.

❧ Cinco minutos en la Palabra ❧

*"El Señor está cerca de todos los que lo invocan,
sí, de todos los que lo invocan de verdad".*
Salmo 145:18

"Y conocerán la verdad, y la verdad los hará libres".
Juan 8:32

"Envía tu luz y tu verdad, que ellas me guíen.
Que me lleven a tu monte santo, al lugar donde vives".
Salmo 43:3

"El amor inagotable y la verdad se encontraron;
¡la justicia y la paz se besaron! La verdad brota desde
la tierra, y la justicia sonríe desde los cielos".
Salmo 85:10–11

"Pero se acerca el tiempo —de hecho, ya ha llegado—
cuando los verdaderos adoradores adorarán al
Padre en espíritu y en verdad. El Padre busca
personas que lo adoren de esa manera".
Juan 4:23

El verdadero descanso

¿Cuándo fue la última vez que descansó? No me refiero a la última vez que logró irse a la cama antes de la medianoche. Me refiero al descanso verdadero.

Vivimos en una cultura que no favorece el descanso. Incluso en la iglesia, podemos comprometernos a hacer más cosas de las que podemos manejar, porque aceptamos hacer demasiadas cosas. Después de todo, es más fácil decirle que no a una fiesta del vecindario que a un estudio bíblico. Si algo suena espiritual, es fácil pensar que debemos hacer fila detrás de todos los demás y tomar un boleto. Pero ocuparse en las cosas de Dios y conocer a Dios son dos cosas muy diferentes. Y con frecuencia no están en armonía.

Un día Jesús le habló directamente al cansancio extremo de una multitud: "Vengan a mí todos los que están cansados y llevan cargas pesadas, y yo les daré descanso" (Mt. 11:28). Él no hablaba de la clase de cansancio que tanto usted como yo sentimos al final de un buen día de trabajo, cuando lo único que queremos es hundirnos en una silla y no movernos hasta Navidad. No, Jesús les hablaba a aquellos que estaban desgastados tratando de actuar bien para complacer a Dios y ganarse la salvación. Recuerde que esto fue antes de la crucifixión y la resurrección, así que si usted era un judío temeroso de Dios, todavía se levantaba en las mañanas con la carga de 613 leyes sobre sus hombros. Nosotros conocemos los "10 grandes", los mandamientos que Dios le dio a Moisés en el Monte Sinaí; pero los judíos debían seguir 603 leyes adicionales. Súmele además

13

la realidad de que los líderes religiosos de aquellos días no aliviaban la carga de la gente. Jesús habló directamente de eso:

"Los maestros de la ley religiosa y los fariseos son los intérpretes oficiales de la ley de Moisés. Por lo tanto, practiquen y obedezcan todo lo que les digan, pero no sigan su ejemplo. Pues ellos no hacen lo que enseñan. Aplastan a la gente bajo el peso de exigencias religiosas insoportables y jamás mueven un dedo para aligerar la carga" (Mt. 23:2–4).

Jesús le ama, y eso resume todo. No hay un *si* condicional al final de ella. Es tan simple como eso. Jesús nos ama tal y como somos ahora. A pesar de las incontables sombras de luz y oscuridad que habitan en nuestro interior, Dios nos ama por completo. Es difícil de creer, ¿verdad? Pero ese tipo de amor solo existe en Dios, y es difícil de entender cuando estamos corriendo de una actividad a la otra.

Ese tipo de amor nos llama a descansar—descansar de verdad—en la presencia del Único que nos creó, que nos conoce y que nos ama.

> *El descanso verdadero proviene de conocer la gracia de nuestra salvación en Jesús. No tenemos que hacer nada para ganárnosla.*

~ Cinco minutos en la Palabra ~

"Luego dijo Jesús: 'Vengan a mí todos los que están cansados y llevan cargas pesadas, y yo les daré descanso. Pónganse mi yugo. Déjenme enseñarles, porque yo soy humilde y tierno de corazón, y encontrarán descanso para el alma. Pues mi yugo es fácil de llevar y la carga que les doy es liviana'".
Mateo 11:28–30

"Que mi alma descanse nuevamente, porque el Señor ha sido bueno conmigo. Me rescató de la muerte, quitó las lágrimas de mis ojos, y libró a mis pies de tropezar".
Salmo 116:7–8

"El Señor es mi pastor; tengo todo lo que necesito. En verdes prados me deja descansar; me conduce junto a arroyos tranquilos. Él renueva mis fuerzas. Me guía por sendas correctas, y así da honra a su nombre".
Salmo 23:1–3

"El rey David dijo lo siguiente acerca de él: 'Veo que el Señor siempre está conmigo. No seré sacudido, porque Él está aquí a mi lado. ¡Con razón mi corazón está contento, y mi lengua grita sus alabanzas! Mi cuerpo descansa en esperanza'".
Hechos 2:25–26

"Los que viven al amparo del Altísimo encontrarán descanso a la sombra del Todopoderoso".
Salmo 91:1

¡Suéltelo!

Recuerdo vívidamente un domingo en la tarde, cuando mi hijo Christian tenía tres años. Habíamos ido a la iglesia y luego a almorzar, y era hora de que tomara una siesta. Lo dejé arropado en su cama, pero en menos de cinco minutos ya estaba a mi lado otra vez. Lo volví a arropar, y tres minutos después se levantó. Cuando ocurrió lo mismo por cuarta vez, me cansé.

—Christian, quiero que te acuestes aquí y le pidas a Dios que te ayude a quedarte quieto y calladito.

Unos minutos después, volvió a asomar su carita en el estudio, donde yo me encontraba leyendo un libro.

—¿No le pediste a Dios que te ayudara? —le pregunté.

—Sí —me contestó—. ¡Pero me dijo que no era así como Él me había creado!

Tal vez así es como usted se siente al leer las palabras: *"Quédense quietos y sepan que yo soy Dios".* Yo a veces lo hago. En innumerables ocasiones me he sentado tratando de quedarme quieta y callada. Pero nunca funciona bien. Fue hace poco, mientras estudiaba este pasaje, que me di cuenta de que no lo había entendido bien: El hebreo original para *quedarse quieto* no significa "quedarse tranquilo", sino "soltar algo". Eso es algo muy distinto, ¿no cree? *¡Suelta ese asunto y quédate tranquilo, que Yo soy Dios!*

¡Suelte ese deseo de controlar a su pareja!

¡Suelte su preocupación por las finanzas!

¡Suelte el deseo de no perdonar!

¡Suelte el pasado!

¡Suelte todo aquello que no puede controlar y descanse en la seguridad de que Dios tiene el control!

Nos preocupamos demasiado por cosas que usted no puede cambiar. ¿Por qué no decide hacer una lista de cosas a las que se está aferrando y se las entrega todas a Dios? ¿Y si toma un momento cada día para estar quieto y reconocer el control perfecto que Dios tiene sobre todo? ¡Inténtelo!

> *"¡Suelta ese asunto y quédate tranquilo, que Yo soy Dios!"*.

～⚮ Cinco minutos en la Palabra ⚮～

"¡Quédense quietos y sepan que yo soy Dios! Toda nación me honrará. Seré honrado en el mundo entero".
Salmo 46:10

"¿Sabes cómo Dios controla la tormenta y hace que los relámpagos salgan de las nubes? ¿Entiendes cómo él mueve las nubes con maravillosa perfección y destreza? Cuando te sofocas de calor dentro de tus ropas y el viento del sur pierde su fuerza y todo se calma, él hace que los cielos reflejen el calor como un espejo de bronce. ¿Puedes tú hacer eso?".
Job 37:15–18

"Tuyos, oh Señor, son la grandeza, el poder, la gloria, la victoria y la majestad. Todo lo que hay en los cielos y en la tierra es tuyo, oh Señor, y este es tu Reino. Te adoramos como el que está por sobre todas las cosas. La riqueza y el honor solo vienen de ti, porque tú gobiernas todo. El poder y la fuerza están en tus manos, y según tu criterio la gente llega a ser poderosa y recibe fuerzas".
1 Crónicas 29:11–12

"Recuerden las cosas que hice en el pasado.
¡Pues solo yo soy Dios! Yo soy Dios, y no hay otro como yo.
Solo yo puedo predecir el futuro antes que suceda.
odos mis planes se cumplirán porque yo hago todo lo que deseo".
Isaías 46:9–10

Su único objetivo

Cuando tenía dieciséis años, tuve un trabajo de verano en Houston's, la única tienda por departamentos de Ayr, mi ciudad natal en Escocia. Me asignaron la *mercería* y yo ni siquiera tenía ni idea de lo que era eso. Mi nueva jefa me dijo que nos especializábamos en "artículos pequeños para costura, tales como botones, cintas, cremalleras, y otros", ¡y no me atreví a preguntar qué eran esos "otros"!

Mi primera tarea fue clasificar y enrollar carretes de cintas. Luego ordené las gavetas que estaban detrás del mostrador. Todo iba bien hasta que *lo* encontré, y de repente me sentí muy confundida. *¿Por qué estaba eso aquí y no en el departamento de ferretería?*

Cuando le mostré las gavetas perfectamente ordenadas a mi jefe, parecía muy impresionada.

—Pero, ¿debo dejar esa cosa en la gaveta de abajo, o ponerla en otro lugar? —le pregunté.

—Déjalo allí —me dijo—. ¡Las chicas enloquecieron este verano comprándolos!

—¿Las chicas compran eso?

—Todas las chicas dicen que hasta que encuentren al chico indicado—, dijo mi jefa con una sonrisa.

—¿Para qué necesitaría alguien un destapador de inodoros con el mango decorado con cinta? —pregunté en voz alta—. La primera vez que lo use, arruinará la decoración.

Ese día descubrí—para el deleite de parte del personal que fue testigo de mi ignorancia—que aquel extraño objeto era un

19

tipo de *bouquet* de novias. Los decoran con flores y la novia lo lleva agarrado por el asa decorada. ¿Quién iba a saberlo?

Pero desconocer el propósito del destapador de inodoros decorado no es tan crucial como desconocer el propósito por el cual estamos en este planeta. Ni usted ni yo fuimos puestos aquí por casualidad. Tanto usted como yo somos hijos del Dios Altísimo, y cada uno de nosotros tiene un plan divino y un propósito que cumplir. A veces perdemos de vista el panorama completo. Después de todo, estamos muy ocupados con nuestras familias y nuestras tareas, pero nuestros negocios no pueden y no deben alterar el plan del Dios soberano para nosotros. Si duda de esto, lea lo siguiente:

"Tú me observabas mientras iba cobrando forma en secreto, mientras se entretejían mis partes en la oscuridad de la matriz. Me viste antes de que naciera. Cada día de mi vida estaba registrado en tu libro. Cada momento fue diseñado antes de que un solo día pasara" (Salmo 139:15–16).

Dios tiene un propósito único para usted y solo para usted. Pídale que Él lo guíe. Mantenga su mirada en Él y logrará concientizar ese propósito. Y recuerde que mientras tendemos a mirar lo exterior y a compararnos con los demás. Dios mira el corazón, y también le habla a nuestro corazón. Así que, si no está seguro, pídale a Dios que le muestre para qué lo hizo. ¡Pídale que le revele su plan especial para usted!

> *¿Quién sabe si teníamos que venir a este lugar en particular para una vivir ocasión como esta?*

⚜ Cinco minutos en la Palabra ⚜

"Tu palabra es una lámpara que guía mis
pies y una luz para mi camino".
Salmo 119:105

"¿No se dan cuenta de que su cuerpo es el templo del Espíritu
Santo, quien vive en ustedes y les fue dado por Dios? Ustedes
no se pertenecen a sí mismos, porque Dios los compró a un
alto precio. Por lo tanto, honren a Dios con su cuerpo".
1 Corintios 6:19–20

"Clamo al Dios Altísimo, a Dios, quien
cumplirá su propósito para mí".
Salmo 57:2

"Pues yo sé los planes que tengo para ustedes —dice el Señor—.
Son planes para lo bueno y no para lo malo, para darles
un futuro y una esperanza. En esos días, cuando oren, los
escucharé. Si me buscan de todo corazón, podrán encontrarme".
Jeremías 29:11–13

Un sacrificio vivo

Los padres de los chicos mayores ya me habían advertido sobre el proyecto final de séptimo grado, pero aún no estaba preparada para todo el trabajo que involucraría. Cada alumno debía construir un modelo a escala del tabernáculo del Señor, tal y como se describe en Éxodo 36–39. ¿Alguna vez ha leído la historia del tabernáculo en detalle? Es increíblemente compleja. Hace ver la construcción del Taj Mahal como un juego de niños.

Después de visitar varias tiendas de manualidades, Christian empezó a trabajar. El mayor reto fue el asunto de las escalas. Después de haber hecho su primer intento, le pregunté:

—¿No notas algo extraño con el sumo sacerdote y el animal que está a punto de sacrificar?

Christian analizó cuidadosamente las figuritas de plástico.

—¿Te refieres a que el cordero es cuatro veces más grande que el sacerdote?

—Si, a eso me refiero —le dije—. Tendrá que usar una grúa para subir ese monstruo al altar.

Compramos un cordero más pequeño y un sacerdote un poco más grande. El tabernáculo estaba quedando muy bien, así que dejé que Christian pusiera los detalles finales, mientras yo iba a preparar el almuerzo. Diez minutos después, entró corriendo a la cocina.

—¡Necesito una pistola de silicona, un martillo y un clavo grande!

—¿Para qué? Pensé que ya habías terminado.

—Así es, ¡pero el cordero se cae constantemente del altar!

Ese es nuestro problema al ser, como dice el apóstol Pablo, *sacrificios vivos*. ¡Podemos bajarnos del altar cuando este se calienta demasiado!

Y puede calentarse bastante cuando tratamos de atender a nuestra familia, de amar a nuestros vecinos y de obedecer los mandamientos de Dios. Puede calentarse cuando tratamos de amar a Dios con todo lo que somos y adorar fielmente a Jesús, tanto cuando brilla el sol, como cuando la tormenta arrecia. Pero cuando adoramos a Dios, aún con el rostro lleno de lágrimas mientras el altar se pone cada vez más caliente, sacrificamos nuestro deseo de entender las *interrogantes* de nuestra vida. Y cuando buscamos la guía de Dios y tomamos la decisión de obedecerlo, nos sacrificamos a nosotros mismos y morimos un poco más a nuestro deseo de ser los dueños de nuestras vidas.

> *Cuando tomamos la decisión de ser sacrificios vivos honramos a Jesús, el Cordero de Dios, que escogió ser sacrificado por nuestros pecados.*

⚬ Cinco minutos en la Palabra ⚬

"Por lo tanto, amados hermanos, les ruego que entreguen su cuerpo a Dios por todo lo que Él ha hecho a favor de ustedes. Que sea un sacrificio vivo y santo, la clase de sacrificio que a Él le agrada. Esa es la verdadera forma de adorarlo. No imiten las conductas ni las costumbres de este mundo, más bien dejen que Dios los transforme en personas nuevas al cambiarles la manera de pensar. Entonces aprenderán a conocer la voluntad de Dios para ustedes, la cual es buena, agradable y perfecta".
Romanos 12:1–2

"Que todo lo que soy alabe al Señor; con todo el corazón alabaré su santo nombre. Que todo lo que soy alabe al Señor; que nunca

olvide todas las cosas buenas que hace por mí. Él perdona todos
mis pecados y sana todas mis enfermedades. Me redime de la
muerte y me corona de amor y tiernas misericordias. Colma mi
vida de cosas buenas; ¡mi juventud se renueva como la del águila!".
Salmo 103:1–5

"Por lo tanto, ya que estamos rodeados por una enorme multitud
de testigos de la vida de fe, quitémonos todo peso que nos impida
correr, especialmente el pecado que tan fácilmente nos hace
tropezar. Y corramos con perseverancia la carrera que Dios nos ha
puesto por delante. Esto lo hacemos al fijar la mirada en Jesús, el
campeón que inicia y perfecciona nuestra fe. Debido al gozo que
le esperaba, Jesús soportó la cruz, sin importarle la vergüenza que
esta representaba. Ahora está sentado en el lugar de honor, junto
al trono de Dios. Piensen en toda la hostilidad que soportó por
parte de pecadores, así no se cansarán ni se darán por vencidos".
Hebreos 12:1–3

"Gracias a tu amor inagotable, puedo entrar en tu casa;
adoraré en tu templo con la más profunda reverencia".
Salmo 5:7

Ofrezca lo que no es suficiente

Si no hubiera sido mi amiga quien me pedía el favor, nunca habría accedido. La idea de hablar ante una multitud me aterraba. Yo había cantado en el pasado, y también había aparecido en televisión, pero hablar era una cosa muy diferente. Pero mi amiga estaba desesperada.

—Desde que mi oradora principal está de baja por enfermedad, le he pedido el favor a todas las oradoras que conozco, ¡pero todas están ocupadas!

—Marlene, no es que no quiera. Es que no sé hacerlo —le expliqué—. Nunca he hecho esto en mi vida. ¡*Tiene* que haber alguien más!

—Créeme, le he preguntado a todas las personas que conozco. ¡Tú eres mi última esperanza!

Con ese entusiasta voto de confianza resonando en mis oídos, me dirigí al lugar de la actividad. Me había imaginado que sería un programa informal, donde asistiría una cincuentena de lindas mujeres con pocas expectativas. ¡Pero me equivoqué! Había—no exagero—como mil mujeres muy bien peinadas y elegantemente vestidas, que esperaban asistir al discurso motivacional de la década.

Me subí al pódium y le susurré al Señor: "¡No tengo lo necesario para hacerlo!". Él me susurró: "¿Qué tienes?".

Permítame explicarle nuestra conversación codificada. Los autores de los cuatro evangelios registran la historia de cuando Jesús alimentó a cinco mil hombres y a un número no determinado de mujeres y niños en la montaña; algo sin duda importante. Pero, ¿qué podemos aprender de lo que ocurrió cuando empezó a oscurecer ese día?

Seguramente fue un milagro espectacular, pero creo que fue más que eso. Mateo cuenta que Jesús les dijo a los discípulos que alimentaran a la gente. Lucas mencionó las instrucciones que dio Jesús para organizar a la multitud en grupos de cincuenta. Según Juan, Jesús le preguntó a Felipe dónde podían comprar suficiente pan para alimentar a la multitud. Solo Marcos menciona una pregunta muy importante que salió de los labios de Jesús: "¿Cuánto pan tienes?".

Todos los discípulos podían ver lo que *necesitaban,* pero no fueron capaces de ver lo que *tenían.* ¿Era suficiente lo que tenían? ¡No! Lo que usted y yo tenemos nunca es suficiente. Pero cuando le damos a Jesús lo que tenemos, Él lo bendice, lo parte y alimenta a su pueblo.

Una cosa más: ¿Cree usted que la única persona en la ladera que tenía comida ese día era ese jovencito con su almuerzo? ¡Por supuesto que no! Había madres y abuelas, y dónde hay mujeres, hay bocadillos. Quizás nadie más ofreció su comida porque sabían que no sería suficiente para alimentar a las miles de personas que se encontraban allí reunidas.

Vea su vida ahora. ¿Qué puede darle a Jesús? ¿Tiene dudas porque no se asemeja a lo que los demás pueden dar? ¿Se avergüenza porque es imposible que alcance? Escuche esto: Cristo nunca espera que llevemos lo que se necesita. Él nos pide darle a Él lo que tenemos, y Él lo hará funcionar, aunque se trate de sobras.

> *Cuando unimos nuestra carencia*
> *con la abundancia de Cristo,*
> *los milagros ocurren.*

~⊱ Cinco minutos en la Palabra ⊰~

"'¿Cuánto pan tienen? —preguntó—.
Vayan y averigüen'.
Ellos regresaron e informaron:
'Tenemos cinco panes y dos pescados'".
Marcos 6:38

"No es que pensemos que estamos capacitados para hacer
algo por nuestra propia cuenta. Nuestra aptitud proviene
de Dios. Él nos capacitó para que seamos ministros de su
nuevo pacto. Este no es un pacto de leyes escritas, sino
del Espíritu. El antiguo pacto escrito termina en muerte;
pero, de acuerdo con el nuevo pacto, el Espíritu da vida".
2 Corintios 3:5–6

"Sé vivir con casi nada o con todo lo necesario. He aprendido
el secreto de vivir en cualquier situación, sea con el estómago
lleno o vacío, con mucho o con poco. Pues todo lo puedo
hacer por medio de Cristo, quien me da las fuerzas".
Filipenses 4:12–13

"Recuerden, amados hermanos, que pocos de ustedes eran sabios
a los ojos del mundo o poderosos o ricos cuando Dios los llamó.
En cambio, Dios eligió lo que el mundo considera ridículo para
avergonzar a los que se creen sabios. Y escogió cosas que no tienen
poder para avergonzar a los poderosos. Dios escogió lo despreciado
por el mundo —lo que se considera como nada— y lo usó para
convertir en nada lo que el mundo considera importante. Como
resultado, nadie puede jamás jactarse en presencia de Dios".
1 Corintios 1:26–29

"Trabajen de buena gana en todo lo que hagan, como si fuera para el Señor y no para la gente. Recuerden que el Señor los recompensará con una herencia y que el Amo a quien sirven es Cristo".

Colosenses 3:23–24

El antídoto de Dios contra la vergüenza

Era una tradición.

Así lo confesó mi profesor de Nuevo Testamento, después de que las risas se hubieron apagado.

"¡Siempre un alumno cae todos los años!", dijo, claramente satisfecho de que yo hubiera mordido el anzuelo.

Ni siquiera recuerdo la pregunta. Era algo sobre cómo se habían inspirado los escritores del Antiguo y el Nuevo Testamento. ¿Habían escuchado la voz de Dios? ¿Se habían sentado, lápiz en mano, mientras el Espíritu Santo les dictaba?

Aunque no recuerdo la pregunta exacta, recuerdo muy bien cómo me sentí cuando todo el mundo a mi alrededor se rió. Fingí que también me reía, pero era una risa superficial. Internamente tenía ganas de arrastrarme hasta una esquina: me sentía avergonzada. Y la vergüenza puede matar el espíritu.

La culpa nos dice que *hicimos* algo malo, pero la vergüenza nos dice que *somos* algo malo. Si hemos hecho algo malo, podemos tratar de hacerlo bien. Pero, ¿qué hacemos si sentimos en lo más profundo que *somos* algo malo?

Cuanto más estudio y aplico la Palabra de Dios en mi vida, más claramente puedo ver, desde el Génesis hasta el Apocalipsis, que el antídoto de Dios contra la vergüenza es su amor. Vemos como Dios aplica este antídoto desde el momento en que Adán y Eva cayeron en desgracia y abrieron la puerta de la vergüenza al mundo, hasta el momento en el que el Cordero de Dios gritó: "¡Todo ha terminado!", después de aquel brutal sufrimiento en el Gólgota.

La vergüenza nos dice que no valemos nada. Pero Cristo nos dice: "Yo te he hecho valioso".

La vergüenza nos dice que estamos solos. Pero Cristo nos dice: "Tú eres mío".

La vergüenza nos dice que somos impuros. Pero Cristo nos dice: "Te limpiaré y serás tan blanco como la nieve".

Lo invito a tomar unos instantes para hacer algo que a mí particularmente me ha ayudado mucho: escriba las experiencias de vida que le han causado vergüenza. Luego, por cada una que haya escrito, escuche la voz de Jesús pronunciando palabras de amor hacia usted.

> *El amor de Dios es el antídoto*
> *contra la vergüenza.*

❧ Cinco minutos en la Palabra ❧

"Ahora bien, el hombre y su esposa estaban
desnudos, pero no sentían vergüenza".
Génesis 2:25

"En ese momento, se les abrieron los ojos, y de pronto
sintieron vergüenza por su desnudez. Entonces
cosieron hojas de higuera para cubrirse".
Génesis 3:7

"Clamaron a ti, y los salvaste; confiaron en
ti y nunca fueron avergonzados".
Salmo 22:5

"Pongo en Jerusalén una piedra principal, elegida para gran honra, y todo el que confíe en Él jamás será avergonzado".
1 Pedro 2:6

"Vengan ahora. Vamos a resolver este asunto —dice el Señor—. Aunque sus pecados sean como la escarlata, yo los haré tan blancos como la nieve. Aunque sean rojos como el carmesí, yo los haré tan blancos como la lana".
Isaías 1:18

El poder del perdón

A mi hijo Christian le fascina la ciencia. He notado esta pasión en él desde que era un niño. De hecho, como resultado de esta pasión, hemos realizado experimentos en nuestra cocina que en ocasiones han salido terriblemente mal. Uno de esos experimentos consistía en añadir una pequeña cantidad de un líquido aparentemente inocuo a otro líquido.

"¡Mira esto, mamá! —me dijo con la emoción de un pequeño Einstein—. Cuando los líquidos se mezclen, harán burbujas y cambiarán de color".

Bueno, sí se mezclaron; pero hacer burbujas no describe muy bien lo que pasó ese día. Lo que parecía una lava de color fucsia explotó, desbordándose de la probeta de su equipo de ciencias y regándose por toda la mesa de la cocina.

"Eso es mucho más de lo que esperaba", dijo él pequeño maestro de lo obvio.

El perdón es como esa poderosa mezcla. Cuando comenzamos a entender el poder que se libera al someter nuestra voluntad a la voluntad de Dios y tomamos la decisión de perdonar, ocurre mucho más de lo que esperamos.

Vivimos en un mundo donde a la gente buena le ocurren cosas terribles. Yo leo las cartas, publicaciones de Facebook y mensajes de Twitter que recibo todos los días, y todos los días un pedacito de mi corazón se rompe.

La mujer que fue abandonada por su esposo.

El hombre que fue ignorado para el ascenso laboral que se merecía.

El mal llamado amigo que mintió y dañó la reputación de alguien.

El niño que culpa a uno de sus padres por el divorcio, cuando este padre lo menos que deseaba era divorciarse.

La lista es infinita.

Vivimos en un mundo muy injusto, así que, ¿qué debemos hacer? Bueno, estudiando la Palabra de Dios he entendido dos cosas. Primero, perdonar no es una sugerencia, sino un mandamiento. Segundo, creo que el perdón es el arma secreta de Dios. El perdón no minimiza el dolor, ni significa que lo que nos ha ocurrido no importa, ni que debemos dejar que nos pase lo mismo otra vez. ¡No! Lo que el perdón hace es impedir que llevemos una carga de ira, resentimiento y amargura (o librarnos de esa carga, si es que ya la estamos llevando). Cuando por la gracia de Dios perdonamos, dejamos ese peso al pie de la cruz.

¿Suena bien? ¿Por dónde empezamos? Empezamos justo donde nos encontramos en este momento, sea el que sea. Le pedimos al Espíritu Santo que nos recuerde cualquier herida que tengamos profundamente escondida y, cuando lo haga, la dejamos—al igual que otros agravios más evidentes que también necesitemos perdonar—, al pie de la cruz de Jesús. También creo que es útil escribir en un pedazo de papel los nombres de las personas que necesitamos perdonar y quemar ese pedazo de papel. Puede repetirlo tantas veces como sea necesario. Ocurrirá mucho más de lo que esperaba.

> *La justicia no vive en este mundo, pero Jesús sí.*

ᏜᏔ Cinco minutos en la Palabra ᏔᏜ

"Dame felicidad, oh Señor, pues a ti me entrego.
¡Oh Señor, eres tan bueno, estás tan dispuesto a perdonar,
tan lleno de amor inagotable para los que piden tu ayuda! Escucha
atentamente mi oración, oh Señor;
oye mi urgente clamor".
Salmo 86:4–6

"Cuando se perdona una falta, el amor florece,
pero mantenerla presente separa a los amigos íntimos".
Proverbios 17:9

"Danos hoy el alimento que necesitamos y
perdónanos nuestros pecados, así como hemos
perdonado a los que pecan contra nosotros".
Mateo 6:11–12

"No juzguen a los demás, y no serán juzgados.
No condenen a otros, para que no se vuelva en su contra.
Perdonen a otros, y ustedes serán perdonados".
Lucas 6:37

Nuestra esperanza resucitada

—Si este es uno de los juegos de Dios, ya no quiero jugar más —dijo ella.

—¿Y usted cree que Dios juega con nosotros? —le pregunté.

—Tuve una dura y prolongada batalla contra el cáncer de mama. Confié en Dios en todo momento, pero el cáncer regresó. Y ya no puedo más.

Me tropecé con ella en una cafetería que frecuento. Se presentó diciendo que me había escuchado hablando hacía un par de años y me preguntó si tenía tiempo para un café. Hablamos durante un largo rato ese día. Le pregunté si podía orar por ella antes de irme, y ella declinó amablemente.

—¿Qué sentido tiene? —me dijo.

La miré mientras atravesaba la puerta y comenzaba a caminar bajo la lluvia. De todas maneras oré por ella.

Es terrible perder la esperanza, y muchos llegan a ese punto. Algunos tienen problemas del cuerpo, y otros el corazón destrozado. Otros ni siquiera pensaron que algún día podrían sentirse así, acosados por las dudas, luchando y preguntándose por qué Dios parece haberlos dejado de escuchar y de amar.

He estado leyendo el Evangelio de Mateo, y esta mañana me encontré con esto:

"Cuando Judas, quien lo había traicionado, se dio cuenta de que habían condenado a muerte a Jesús, se llenó de remordimiento. Así que devolvió las treinta piezas de plata a los principales sacerdotes y a los ancianos. 'He pecado —declaró—, porque traicioné a un hombre inocente'. '¿Qué nos importa? —contestaron—. Ese es tu problema'. Entonces Judas tiró las monedas de plata en el templo, salió y se ahorcó" (Mateo 27:3–5).

Oh, Judas, ¡si tan solo hubieras esperado tres días más! Sí, el viernes estabas sufriendo, ¡pero el domingo en la mañana habrías visto la esperanza levantarse de los muertos!

Amigo, no sé qué cuál es su situación actual, pero sé que aunque perdamos algunas batallas en esta tierra, ganaremos la guerra, porque tenemos a Jesús. ¡No se desespere!

> *El domingo en la mañana, la Esperanza resucitó de la muerte.*

❧ Cinco minutos en la Palabra ❧

"Que toda la alabanza sea para Dios, el Padre de nuestro Señor Jesucristo. Es por su gran misericordia que hemos nacido de nuevo, porque Dios levantó a Jesucristo de los muertos. Ahora vivimos con gran expectación".
1 Pedro 1:3

"Guíame con tu verdad y enséñame, porque tú eres el Dios que me salva. Todo el día pongo en ti mi esperanza".
Salmo 25:5

"Oh Señor, solo tú eres mi esperanza; en ti he confiado, oh Señor, desde mi niñez. Así es, estás conmigo desde mi nacimiento; me has cuidado desde el vientre de mi madre. ¡Con razón siempre te alabo!".
Salmo 71:5–6

"y los creyentes también gemimos—aunque tenemos al Espíritu Santo en nosotros como una muestra anticipada de la gloria futura—porque anhelamos que nuestro cuerpo sea liberado del pecado y el sufrimiento. Nosotros también deseamos con una esperanza ferviente que llegue el día en que Dios nos dé todos nuestros derechos como sus hijos adoptivos, incluido el nuevo cuerpo que nos prometió".
Romanos 8:23

"Y si nuestra esperanza en Cristo es solo para esta vida, somos los más dignos de lástima de todo el mundo. Lo cierto es que Cristo sí resucitó de los muertos. Él es el primer fruto de una gran cosecha, el primero de todos los que murieron".
1 Corintios 15:19–20

"Mantengámonos firmes sin titubear en la esperanza que afirmamos, porque se puede confiar en que Dios cumplirá su promesa".
Hebreos 10:23

La lección de persistencia...
de mi mascota

Había sido un largo fin de semana de vuelos retrasados y noches sin dormir. Finalmente, había llegado a casa, pero el lunes en la mañana apenas pude moverme de la cama. Cual sonámbula, me preparé una taza de café y salí al patio de atrás con mis tres perritos. Y comenzó nuestro ritual.

Maggie, mi Yorkshire, quería jugar. Buscó en su caja de juguetes hasta que encontró su mapache de peluche. Lo dejó caer cerca de mis pies y me miró. No reaccioné. Lo recogió de nuevo, retrocedió unos pasos y se me acercó. Pero tampoco respondí... ¡porque no tenía nada que dar! Luego de dos intentos más sin recibir respuesta, Maggie cambió su estrategia y comenzó a frotar mi pierna con su pata. Eso funcionó. Para que me dejara tranquila, agarré el mapache de peluche y lo lancé lo más lejos que pude por el patio, y corrió tras él como el viento.

Me gustaría que usted orara de esa manera.

Aunque no fue audible, pude reconocer la voz de Dios claramente en mi espíritu. Pensé en la persistencia de Maggie. Estaba totalmente decidida a obtener una respuesta de mi parte. No se daría por vencida hasta que yo agarrara su peluche y lo lanzara. Me di cuenta de que, en lo que se refiere a la oración, no tengo ni una fracción de la perseverancia de mi Yorkie. Suelo orar por algo durante un rato, pero luego paso a otra cosa.

Me acuerdo de la mirada de Maggie. Ella me ama, y sabe que yo la amo. Y debido a ese amor, ella sabe con certeza que si insiste lo suficiente, yo responderé. ¡Cuanto más nuestro Padre que está en el cielo nos ama y desea respondernos!

Jesús contó la historia de la viuda insistente (Lc. 18:1–8) para animarnos a seguir poniendo nuestras peticiones delante de Dios, y acercarnos a Él una y otra vez. Con eso en mente, ¡decidí que una Yorkie no iba a ganarme!

> El Señor se regocija en un creyente que ama lo suficiente y el tiempo suficiente para orar hasta que Él responda.

❧ Cinco minutos en la Palabra ❧

"Cierto día, Jesús les contó una historia a sus discípulos para mostrarles que siempre debían orar y nunca darse por vencidos".
Lucas 18:1

"Pero tú, cuando ores, apártate a solas, cierra la puerta detrás de ti y ora a tu Padre en privado. Entonces, tu Padre, quien todo lo ve, te recompensará".
Mateo 6:6

"Cuando se la pidan, asegúrense de que su fe sea solamente en Dios, y no duden, porque una persona que duda tiene la lealtad dividida y es tan inestable como una ola del mar que el viento arrastra y empuja de un lado a otro".
Santiago 1:6

"Oren en el Espíritu en todo momento y en toda ocasión. Manténganse alerta y sean persistentes en sus oraciones por todos los creyentes en todas partes".
Efesios 6:18

"Estén siempre alegres. Nunca dejen de orar. Sean agradecidos en toda circunstancia, pues esta es la voluntad de Dios para ustedes, los que pertenecen a Cristo Jesús".
1 Tesalonicenses 5:16–18

Adorar en la oscuridad

"¿Qué sentido tiene que Dios me conceda un milagro para después quitármelo?", dijo ella, llorando.

En realidad no era una pregunta, sino un lamento.

Ella me había preguntado si podíamos hablar en privado unos minutos en la pausa del almuerzo de una conferencia en la que yo estaba predicando.

"Nos dijeron que no podríamos tener hijos" —comenzó—. "Lo intentamos durante años y años y casi nos damos por vencidos; cuando descubrí que yo estaba embarazada".

Sus ojos destellaron por un momento, pero rápidamente se apagaron.

"Pero él solo vivió cuatro horas" —dijo—. "¿Por qué Dios hace esta clase de cosas? ¿Para qué me concede un milagro, para luego quitármelo?".

No podía decirle nada. A veces el pozo del sufrimiento humano es tan profundo que no admite palabras. Lo único que pude hacer fue abrazarla durante un rato. Oré por ella antes de que se pusiera de pie para marcharse. Y le oré a Aquel que sabe lo que se siente ver a un hijo morir. Una vez más, me acordé de un pequeño versículo en el Evangelio de Lucas. Es un versículo que muchos pasan por alto, pero yo creo que Dios puso un pequeño rompecabezas en estas doce palabras: "Dios bendice a los que no se apartan por causa de mí" (Lc. 7:23).

Tal vez recuerde la historia que precede estas doce palabras. Juan el Bautista estaba encerrado en el palacio del rey Herodes. Este hombre del desierto estaba confinado en una celda sucia

y oscura. Como si eso ya no fuera suficientemente doloroso, a Juan lo atormentaba la duda. Tanto, que le pidió a sus amigos que fuesen hasta donde estaba Jesús y le hicieran esta extraña pregunta: "¿Eres tú el Mesías a quien hemos esperado o debemos seguir buscando a otro?" (Lc. 7:19).

¿Por qué es extraña esa pregunta? Porque Juan había pasado toda su vida preparándose para el momento en que Dios revelara al Mesías y él poder tener la dicha de decir: "¡Miren! ¡El Cordero de Dios, que quita el pecado del mundo!" (Jn. 1:29). Ese día, Juan vio al Espíritu Santo descender sobre Jesús como una paloma, y escuchó la voz de Dios declarar: "Este es mi hijo muy amado" (Mt. 3:17).

Pero ahora Juan se encontraba en una prisión oscura, y las dudas y las mentiras lo atormentaban: *¿Y si entendiste todo al revés, Juan? ¿Y si te equivocaste de hombre? Además, ¿dónde está Jesús ahora?*

Anhelando una respuesta que inundara su celda de luz, Juan envió a sus amigos a buscar a Jesús. Pero la respuesta de Jesús fue: "Dios bendice a los que no se apartan por causa de mí" (Lc. 7:23).

En realidad, Jesús le estaba preguntando: "¿Amarías a un Dios que no te va a sacar de esa prisión? ¿Adorarías a un Dios que no comprendes? ¿Me seguirías, aún con el corazón roto?"

En tiempos como estos, nuestra fe es puesta a prueba. ¿Adorará usted a Dios hoy, independientemente de la celda oscura en la cual se encuentra? Si escoge hacerlo, Él dice que usted es bendecido.

> *Dios siempre es digno de alabanza, incluso cuando estamos en medio de la oscuridad.*

✦ Cinco minutos en la Palabra ✦

"Luego les dijo a los discípulos de Juan:
'Regresen a Juan y cuéntenle lo que han visto y oído:
los ciegos ven, los cojos caminan bien, los leprosos
son curados, los sordos oyen, los muertos resucitan,
y a los pobres se les predica la buena noticia.
Y díganle: 'Dios bendice a los que no se apartan por causa de mí'".
Lucas 7:22–23

"La fe es la confianza de que en verdad sucederá lo que esperamos;
es lo que nos da la certeza de las cosas que no podemos ver".
Hebreos 11:1

"Ponme a prueba, Señor, e interrógame; examina mis
intenciones y mi corazón. Pues siempre estoy consciente de
tu amor inagotable, y he vivido de acuerdo con tu verdad".
Salmo 26:2–3

"Las tentaciones que enfrentan en su vida no son distintas de
las que otros atraviesan. Y Dios es fiel; no permitirá que la
tentación sea mayor de lo que puedan soportar. Cuando sean
tentados, Él les mostrará una salida, para que puedan resistir".
1 Corintios 10:13

Encontrar tesoros en la Palabra de Dios

Me encanta el mar. Crecí en la costa oeste de Escocia, junto a las aguas costeras profundas de las Islas Británicas. Pasaba la mayor parte de mis veranos explorando las rocas y las cuevas a lo largo de la costa.

Me gustaba caminar por la orilla de la playa con mi cubeta en la mano y los ojos atentos a la arena húmeda. ¡Y qué cantidad de tesoros encontraba!

Trozos de vidrios rotos de colores, pulidos y suavizados por el mar y la arena.

Conchas de todas las formas y tamaños.

Zapatos . . . normalmente solo uno.

Legos.

Patitos de goma (todavía tengo quince de ellos).

Me llevaba este tipo de tesoros a mi casa, los limpiaba y los guardaba en una maletita marrón que tenía debajo de mi cama.

Pero un día encontré un tesoro de verdad. Había caminado a lo largo de la costa hasta la pared del puerto, y luego me había regresado hasta donde mi nana estaba sentada.

—Nana, ¿me puedo quedar cinco minutos más? —le pregunté—. Quiero echar un último vistazo.

—Solo cinco minutos —me dijo—. Pronto va a oscurecer.

Caminé hasta la orilla de la playa y miré a mi izquierda, luego a mi derecha, y algo que brillaba bajo los últimos rayos del sol captó mi atención. Me incliné y observé, medio enterrado en la arena, ¡un anillo de compromiso de diamantes! Para resumir, lo llevé a la estación de policía y nadie lo había reportado, así que me lo devolvieron y lo guardé con cuidado en la pequeña maleta marrón, al lado de mis patitos de goma.

Ahora, años después, recuerdo aquella tarde en la costa y me doy cuenta de que Dios tiene tesoros para nosotros si perseveramos en buscarlos. Es fácil leer algunos versículos bíblicos y pensar que ya cumplimos la asignación del día, pero nos perdemos muchas cosas cuando no nos detenemos, regresamos y buscamos los tesoros que Dios siempre tiene para nosotros en su Palabra.

Jesús está esperando encontrarse con nosotros en las páginas de las Escrituras. Y sus joyas de paz, gracia y amor son mucho más valiosas que cualquier cosa que el mundo pueda ofrecer.

> *Lea con calma las páginas de las Escrituras para que no se pierda ninguno de los tesoros que Jesús tiene hoy para usted.*

⚜ Cinco minutos en la Palabra ⚜

"Espera con paciencia al Señor; sé valiente y esforzado; sí, espera al Señor con paciencia".
Salmo 27:14

"Nosotros ponemos nuestra esperanza en el Señor; Él es nuestra ayuda y nuestro escudo. En Él se alegra nuestro corazón, porque confiamos en su santo nombre".
Salmo 33:20–21

"Yo cuento con el Señor; sí, cuento con Él; en su palabra he puesto mi esperanza. Anhelo al Señor más que los centinelas el amanecer, sí, más de lo que los centinelas anhelan el amanecer".
Salmo 130:5–6

"Recibimos esa esperanza cuando fuimos salvos. (Si uno ya tiene algo, no necesita esperarlo; pero si deseamos algo que todavía no tenemos, debemos esperar con paciencia y confianza). Además, el Espíritu Santo nos ayuda en nuestra debilidad. Por ejemplo, nosotros no sabemos qué quiere Dios que le pidamos en oración, pero el Espíritu Santo ora por nosotros con gemidos que no pueden expresarse con palabras".
Romanos 8:24–26

"Así que el Señor esperará a que ustedes acudan a Él para mostrarles su amor y su compasión. Pues el Señor es un Dios fiel. Benditos son los que esperan su ayuda".
Isaías 30:18

Entre al agua

Recuerdo perfectamente donde estaba cuando recibí la noticia. Estaba en la cima de una colina frente a la casa que Barry y yo habíamos rentado en Laguna Niguel, California. Subíamos la colina con Bentley, nuestro golden retriever, todas las mañanas y todas las noches. Barry y yo teníamos un año y medio de casados, y yo estaba embarazada y a punto de cumplir cuarenta años, así que la remontada tomaba un poco más cada día.

Nuestro matrimonio estaba en una etapa muy hermosa, pero en el aspecto financiero nos estábamos desangrando. Barry acababa de renunciar a su empleo y se encontraba en la búsqueda de otro, y nuestros ahorros se estaban desvaneciendo con rapidez. Unas semanas antes de esta caminata a la montaña, me habían invitado a dirigir la adoración en una conferencia nueva llamada Mujeres de fe. Estuve tentada a decir que sí, porque eso habría representado un ingreso fijo durante al menos un año, pero sabía que dirigir alabanzas no era mi don. Así que les agradecí y les recomendé a una persona que conocía.

"Señor, nos apoyamos en ti y confiamos en ti en cuanto a lo que no podemos ver", era nuestra oración diaria.

Entonces, cuando el sol comenzaba a ocultarse en el mar, sonó mi celular. La conversación volvió a girar en torno esa nueva conferencia para mujeres, y yo dije:

—Sí, recibí una llamada de ustedes hace unas semanas pero, siendo honesta, yo no soy líder de adoración.

—No es por eso que la estoy llamando —me dijo la persona a otro lado de la línea—. Nos gustaría que se uniera al equipo de conferenciantes.

En un instante, Barry y yo pasamos de preguntarnos si era posible reutilizar los pañales desechables a agradecerle a Dios por este regalo, que era mucho más grande que lo que hubiéramos podido pedir o imaginar. Sentimos que había ocurrido un milagro: Dios había abierto una salida en nuestra difícil situación financiera, de la misma manera en que abrió el mar Rojo para los israelitas.

Pero Dios no necesariamente repite el milagro cuando nos encontramos en otra situación difícil. Estoy escribiendo esto luego de haber tenido un día muy difícil. He estado con el equipo de Mujeres de fe durante dieciocho años, pero recientemente, con base en las Escrituras, amigos consagrados y la guía del Espíritu Santo, he podido sentir claramente que llegó la hora de cambiar de rumbo.

"¿Qué es lo próximo, Señor?" —le pregunté esta misma mañana—. "¿Me puedes mostrar donde quieres que te sirva ahora?".

En mi espíritu, lo único que podía oír era: *"Entra al agua".*

"Quiero ser responsable, Señor. Tenemos facturas por pagar y un hijo que está a punto de entrar a la universidad".

"Entra al agua".

Cuando los israelitas se detuvieron frente el río Jordán, tuvieron que enfrentarse por segunda vez a un cuerpo de agua que les impedía el paso. Pero esta vez Dios, antes de partir las aguas, le pidió a su pueblo que se mojaran los pies. Solo cuando entraron al agua, solo cuando dieron aquel paso literal de fe y confiaron en Dios, Él partió las aguas para que ellos pudieran cruzar.

¿Está usted, al igual que yo, frente a un río que parece imposible de cruzar? Bueno, yo estoy a punto de meter los pies en el agua, confiando en Dios y dejándole el resultado a Él. ¿Le gustaría acompañarme?

> *El río parece imposible de cruzar . . .*
> *hasta que metemos los pies en el agua.*

⚕ Cinco minutos en la Palabra ⚕

"Los sacerdotes llevarán el arca del Señor, el Señor de toda la tierra. En cuanto sus pies toquen el agua, la corriente de agua se detendrá río arriba, y el río se levantará como un muro".
Josué 3:13

"Confía en el Señor con todo tu corazón; no dependas de tu propio entendimiento. Busca su voluntad en todo lo que hagas, y él te mostrará cuál camino tomar".
Proverbios 3:5–6

"Pero yo confío en tu amor inagotable; me alegraré porque me has rescatado. Cantaré al Señor porque él es bueno conmigo".
Salmo 13:5–6

"El Señor es mi fortaleza y mi escudo; confío en él con todo mi corazón. Me da su ayuda y mi corazón se llena de alegría; prorrumpo en canciones de acción de gracias. El Señor le da fuerza a su pueblo; es una fortaleza segura para su rey ungido".
Salmo 28:7–8

"Mi antiguo yo ha sido crucificado con Cristo. Ya no vivo yo, sino que Cristo vive en mí. Así que vivo en este cuerpo terrenal confiando en el Hijo de Dios, quien me amó y se entregó a sí mismo por mí".
Gálatas 2:20

Es hora de soltar la carga

Quiero que se imagine que es domingo en la mañana y que va camino a la iglesia. Últimamente se ha sentido muy cansado y desanimado. Coloca café en su taza para llevar, y sale. En la radio suena una canción conocida... La letra, repleta de frases esperanzadoras, se le antoja poco realista. Mientras avanza por el estacionamiento esperando encontrar uno de los últimos puestos techados, observa a las familias que entran a la iglesia, aparentemente libres de problemas. Agarra su Biblia y su bolso, pone su mejor sonrisa de los domingos, y los sigue.

De repente, siente ese peso que le agobia. Mira hacia abajo y todo el equipaje de su vida, las cosas que ha llevado en su interior durante años, se ha hecho visible. Y no es una visión agradable.

Miedo

Vergüenza

Inseguridad

Desilusión

Arrepentimiento

...y mucho más. ¡Todo está allí!

Presa del pánico y sin saber qué hacer, mira alrededor y observa que todos los demás también tienen equipajes. Todos llevan el peso de las cosas que han tratado de enterrar durante mucho tiempo. Empieza el servicio, así que arrastra su equipaje hasta su lugar y se sienta.

Escucha una voz que proviene de la parte frontal de la iglesia. No es la voz del pastor; de hecho, él está sentado en el borde de la plataforma también llevando su carga, como todos los demás. Usted se da cuenta de que es la voz de Jesús.

"Vengan a mí todos los que están cansados y llevan cargas pesadas, y yo les daré descanso. Pónganse mi yugo. Déjenme enseñarles, porque yo soy humilde y tierno de corazón, y encontrarán descanso para el alma. Pues mi yugo es fácil de llevar y la carga que les doy es liviana" (Mateo 11:28–30).

Las palabras son seguidas de un silencio absoluto.

Entonces, un señor de edad avanzada se levanta, arrastra su maleta hacia el frente, y la deja allí. Una joven pareja hace lo mismo. Cada vez más gente comienza a arrastrar su equipaje y a dejarlo a los pies de Jesús.

¿Lo hará usted también?

¿Aceptará realizar este asombroso intercambio con Cristo?

¡No tiene que llevar esa carga ni un minuto más!

> El yugo de Jesús es fácil de
> llevar y ligera su carga.

◦⊱ Cinco minutos en la Palabra ⊰◦

"Luego dijo Jesús: 'Vengan a mí todos los que están cansados y llevan cargas pesadas, y yo les daré descanso. Pónganse mi yugo. Déjenme enseñarles, porque yo soy humilde y tierno de corazón, y encontrarán descanso para el alma. Pues mi yugo es fácil de llevar y la carga que les doy es liviana".
Mateo 11:28–30

"Hasta los jóvenes se debilitan y se cansan, y los hombres jóvenes caen exhaustos. En cambio, los que confían en el Señor encontrarán nuevas fuerzas; volarán alto, como con alas de águila. Correrán y no se cansarán; caminarán y no desmayarán".
Isaías 40:30–31

"Pongan todas sus preocupaciones y ansiedades en las manos de Dios, porque Él cuida de ustedes".
1 Pedro 5:7

"Por lo tanto, ya que estamos rodeados por una enorme multitud de testigos de la vida de fe, quitémonos todo peso que nos impida correr, especialmente el pecado que tan fácilmente nos hace tropezar. Y corramos con perseverancia la carrera que Dios nos ha puesto por delante".
Hebreos 12:1

Los hechos están ahí

A veces, a mi esposo Barry le cuesta realizar compras grandes. Cuando necesita comprar un teléfono nuevo, por ejemplo, se puede pasar horas en una tienda mirando hasta el último de los aparatos. Yo no soy así. Yo decido lo que quiero y luego voy, lo compro, ¡y listo! Pero Barry es más... reflexivo.

"Quiero que tenga la pantalla del tamaño de este", dice.

Yo apenas asiento con la cabeza, porque sé que luego le gustará la duración de la batería de otro modelo. Solo camino a su lado como un perro complaciente durante un largo, largo rato.

"Este tiene unas críticas excelentes" —dice Barry—, "aparte de algunas críticas muy malas".

"Me pregunto si este modelo viene en color negro".

"¿Cómo serán las fotos de este?".

"¿Este es demasiado grande para mis bolsillos?".

Finalmente, después de yo haber repasado mentalmente toda la partitura del *Mesías* de Handel, le digo, sin poder evitarlo:

—¿Podrías escoger uno?

Y Barry responde:

—¡Pero aún no hemos considerado todos los hechos!

Yo pienso que todos somos un poco así en nuestra relación con Dios. Queremos confiar en Él para todo, pero no sabemos lo que eso podría significar. Queremos descansar en la paz de Dios, pero vemos demasiados problemas a nuestro alrededor. Queremos perdonar a esa mujer de nuestro grupo que nos hirió u ofendió y que pareciera no estar arrepentida en lo

absoluto, pero no estamos realmente seguros de que queremos dejar pasar el incidente.

Si existiera alguna duda sobre la bondad, la misericordia y la gracia de Dios, tal vez usted y yo tendríamos una excusa para no confiar en Él, descansar en su paz, perdonar a nuestros semejantes, o hacer cualquiera de las cosas que Él nos ha llamado a hacer. Pero todos los hechos que necesitamos saber de Dios están ahí:

Dios es soberano.

Dios es amor.

Dios es verdad.

Dios es sabiduría.

Dios es misericordia.

Dios está allí para nosotros.

Dios lo sabe todo.

Dios siempre nos acompaña.

Sabiendo todas estas cosas, no tenemos excusas para no actuar. No tenemos razones para no obedecer todos los mandamientos de Dios. Después de todo, tales mandamientos son para nuestro bien.

> *¡El hecho es que no tenemos*
> *excusas para no confiar en Dios!*

✤ Cinco minutos en la Palabra ✤

"Entrega al Señor todo lo que haces; confía en Él, y Él te ayudará".
Salmo 37:5

"Queridos hijos, que nuestro amor no quede solo en
palabras; mostremos la verdad por medio de nuestras
acciones. Nuestras acciones demostrarán que pertenecemos
a la verdad, entonces estaremos confiados cuando estemos

delante de Dios. Aun si nos sentimos culpables, Dios es
superior a nuestros sentimientos y Él lo sabe todo".

1 Juan 3:18–20

"Hagan todo sin quejarse y sin discutir, para que nadie
pueda criticarlos. Lleven una vida limpia e inocente como
corresponde a hijos de Dios y brillen como luces radiantes
en un mundo lleno de gente perversa y corrupta".

Filipenses 2:14–15

"Por lo tanto, amados hermanos, les ruego que entreguen su
cuerpo a Dios por todo lo que Él ha hecho a favor de ustedes. Que
sea un sacrificio vivo y santo, la clase de sacrificio que a Él le
agrada. Esa es la verdadera forma de adorarlo. No imiten las
conductas ni las costumbres de este mundo, más bien dejen
que Dios los transforme en personas nuevas al cambiarles la
manera de pensar. Entonces aprenderán a conocer la voluntad
de Dios para ustedes, la cual es buena, agradable y perfecta".

Romanos 12:1–2

"Esto significa que todo el que pertenece a Cristo se ha
convertido en una persona nueva. La vida antigua
ha pasado; ¡una nueva vida ha comenzado!".

2 Corintios 5:17

Quienes somos en Cristo

Sentada en la oficina del psiquiatra, sentía que el corazón se me salía del pecho.

Había sido admitida en el hospital. Desde la noche anterior me encontraba en el ala de psiquiatría. Había luchado contra la depresión una buena parte de mi vida. Sin embargo, nunca lo había aceptado. Solo pensaba que tenía una personalidad melancólica y que simplemente llevaba la tristeza en mi ADN. Pero finalmente, después de pasar meses sintiéndome como si me estuviera desapareciendo un poquito más cada día, le pedí ayuda a una amiga. Y así las cosas, allí me encontraba.

—¿Quién es usted? —me preguntó el doctor. Yo pensé que era una pregunta tonta. Él tenía mi nombre en la parte superior de su libreta.

—Mi nombre es Sheila Walsh —le dije.

—Sé cuál es su nombre, Sheila —respondió él amablemente—. Pero, ¿quién es usted?

¡Una pregunta capciosa!, pensé.

—Soy la coanimadora del *Club 700*.

—No le pregunté a qué se dedica, Sheila, le pregunté quién es usted.

Eso me dejó perpleja.

—No lo sé —susurré.

Mi peor pesadilla, cuando era niña, era terminar en una sala psiquiátrica. Mi padre tenía treinta y cuatro años cuando escapó del hospital donde se encontraba y se quitó la vida. Cuando miro al pasado, veinte años después, puedo decir con toda seguridad que la misericordia de Dios me llevó a aquella sala psiquiátrica.

Cuando nos obligan a enfrentar nuestros peores temores, descubrimos que Jesús está justo allí, acompañándonos. Esa primera noche le escribí en mi diario: "Nunca imaginé que vivías tan cerca del suelo". Durante un mes trabajé en el doloroso proceso de remover las capas que había creado para protegerme. Tener la oportunidad de hacerlo fue un regalo.

El día que fui dada de alta, mi doctor me gritó desde la ventana de su oficina:

—Sheila, ¿quién eres tú?

Y yo le respondí con todo mi ser:

—¡Soy Sheila Walsh, hija del Rey de reyes!

> *A veces, Dios nos mete en una prisión para hacernos libres.*

❦ Cinco minutos en la Palabra ❧

"¡Así que sé fuerte y valiente! No tengas miedo ni sientas pánico frente a ellos, porque el Señor tu Dios, Él mismo irá delante de ti. No te fallará ni te abandonará".

Deuteronomio 31:6

"Y estoy convencido de que nada podrá jamás separarnos del amor de Dios. Ni la muerte ni la vida, ni ángeles ni demonios, ni nuestros temores de hoy ni nuestras preocupaciones de mañana. Ni siquiera los poderes del infierno pueden separarnos del amor de Dios. Ningún poder en las alturas ni en las profundidades, de hecho, nada en toda la creación podrá jamás separarnos del amor de Dios, que está revelado en Cristo Jesús nuestro Señor".

Romanos 8:38–39

"Pero a todos los que creyeron en Él y lo recibieron, les dio el derecho de llegar a ser hijos de Dios. Ellos nacen de nuevo, no mediante un nacimiento físico como resultado de la pasión o de la iniciativa humana, sino por medio de un nacimiento que proviene de Dios".
Juan 1:12–13

"La salvación no es un premio por las cosas buenas que hayamos hecho, así que ninguno de nosotros puede jactarse de ser salvo. Pues somos la obra maestra de Dios. Él nos creó de nuevo en Cristo Jesús, a fin de que hagamos las cosas buenas que preparó para nosotros tiempo atrás".
Efesios 2:9–10

"Es Dios quien nos capacita, junto con ustedes, para estar firmes por Cristo. Él nos comisionó y nos identificó como suyos al poner al Espíritu Santo en nuestro corazón como un anticipo que garantiza todo lo que Él nos prometió".
2 Corintios 1:21–22

¡Aquí no se lanzan piedras!

Una fresca brisa anunciaba la llegada del otoño cuando abordé mi vuelo de Dallas a San Antonio. Es un vuelo tan corto que para el momento en que te dan tu Coca Cola, ya debes devolverla.

Esa noche hablaría frente a un grupo de mujeres sobre cómo superar la rabia y avanzar hacia la restauración, como pasar de la indisposición a perdonar a la libertad. Era mucha información para cubrir en un mensaje de 45 minutos, pero cuanto más pensaba y oraba sobre lo que tenía que decir, más claro se me hacía... eso explicaba el peso de mi único bolso.

—¿Tiene equipaje para registrar? —preguntó el empleado detrás del mostrador.

—Solo un bolso —le dije—. Este.

Le colocó la etiqueta respectiva y se inclinó para levantarlo y colocarlo en la correa que lo llevaría hasta el sitio donde se encontraba el personal a cargo de guardar el equipaje.

El peso del bolso lo sorprendió.

—¿Qué lleva aquí? —preguntó—. ¿Piedras?

—De hecho, sí —respondí.

Me miró unos segundos y pareció intuir que yo era una de esas mujeres con las cuales las conversaciones debían mantenerse al mínimo.

Tenía seiscientas diez piedritas de río guardadas en mi bolso, las cuales me servirían de ayuda visual para el mensaje que daría esa noche sobre el perdón.

Perdonar puede ser una de las cosas más difíciles de hacer. ¿Cómo perdonar a un cónyuge que nos ha engañado? ¿Cómo perdonar a alguien que difama nuestro nombre? ¿Cómo perdonar al conductor ebrio que segó la vida de nuestro hijo? ¿Cómo perdonar a alguien que no siente remordimientos? Es un asunto profundamente espiritual, el cual no creo que lleguemos a comprender en este lado del cielo. Sin embargo, el perdón no tiene nada que ver con razonamientos, sino con obediencia.

Siempre llevo una piedrita a donde quiera que voy. La he llevado durante veintiocho años, desde el día en que Dios, literalmente, me hizo arrodillarme sobre mi reticencia a perdonar a alguien que había devastado mi vida. Cuando finalmente seguí sus órdenes de perdonar a esa persona, me di cuenta de que me había cortado la rodilla con una pequeña piedra. Ahora llevo esa piedra conmigo, para que corte mi corazón y me recuerde las palabras de Jesús: "¡El que nunca haya pecado que tire la primera piedra!" (Jn. 8:7).

> *Haga la promesa de vivir una vida de perdón, y tenga una piedra que le haga recordar su promesa.*

✥ Cinco minutos en la Palabra ✥

"Si perdonas a los que pecan contra ti, tu Padre celestial te perdonará a ti; pero si te niegas a perdonar a los demás, tu Padre no perdonará tus pecados".
Mateo 6:14–15

"Intentaban tenderle una trampa para que dijera algo que pudieran usar en su contra, pero Jesús se inclinó y escribió con el dedo en el polvo".
Juan 8:6

"¡Oh Señor, eres tan bueno, estás tan dispuesto a perdonar,
tan lleno de amor inagotable para los que piden tu ayuda!".
Salmo 86:5

"Luego Pedro se le acercó y preguntó: 'Señor, ¿cuántas veces debo
perdonar a alguien que peca contra mí? ¿Siete veces?'.
'No siete veces —respondió Jesús—, sino setenta veces siete'".
Mateo 18:21–22

"Sean comprensivos con las faltas de los demás y perdonen a
todo el que los ofenda. Recuerden que el Señor los perdonó
a ustedes, así que ustedes deben perdonar a otros".
Colosenses 3:13

Una buena forma de empezar el día

Yo no confío en el servicio de llamadas despertador de los hoteles. El que te llamen cuando lo necesites parece depender del estado de ánimo de la persona que recibe la solicitud. Si, por ejemplo, se trata de un sujeto que acaba de terminar con su novia, la cual casualmente se llama Sheila, puede que te llamen en plena madrugada, o que sencillamente no te llamen. Así que prefiero programar mi propia alarma en mi teléfono. De hecho, programo dos. La primera la programo a la hora que sería bueno levantarme y la segunda, a la hora en que más me vale que me levante. No soy persona de levantarme temprano, así que me gusta iniciar mi día poco a poco.

Yo solía salir de la cama a duras penas, verificar si nuestro hijo se había levantado y estaba en la ducha, encender el televisor para oír las noticias de la mañana, y prepararme una taza de café. No es una mala forma de comenzar el día, pero he conseguido una mejor. Me he dado cuenta de que cuando lo primero a lo que le pongo atención en el día es a lo que ocurre en el mundo, esas imágenes y palabras tienen un efecto durante todo el día. Pero si la Palabra de Dios es la primera cosa a la que entrego mi mente y mi corazón, veo que todo está bajo el control de mi bondadoso, amoroso y todopoderoso Padre celestial. No es de sorprender que esta nueva forma de comenzar mi día tuviera un efecto tan profundo en mi vida.

Al despertar recito el Salmo 143:8 para mí misma, o en voz alta si Barry está despierto. Lo repito varias veces. Se ha convertido en una forma excelente de comenzar el día:

"Hazme oír cada mañana acerca de tu amor inagotable"
> Mi amor podrá decaer y fallar, pero el amor de Dios
> nunca lo hará.

"[. . .] porque en ti confío"
> El salmista es muy intencional con esto: confiar en Dios
> es un acto de la voluntad.

"Muéstrame por dónde debo andar"
> Es decir: "Muéstrame, Padre, el camino que debo seguir
> hoy".

"[. . .] porque a ti me entrego"
> El salmista aquí también es intencional: confiar en Dios es
> un acto de voluntad.

Luego oro con estas sencillas palabras: "¡Buenos días, Señor! No sé a dónde irás hoy, pero a donde sea que vayas, ¡iré contigo!".

> Una buena forma de iniciar el día es declarando la Palabra de Dios y agradecerle a Él por eso.

❦ Cinco minutos en la Palabra ❧

"Hazme oír cada mañana acerca de tu amor inagotable;
muéstrame por dónde debo andar, porque a ti me entrego".
Salmo 143:8

"¡El fiel amor del Señor nunca se acaba! Sus
misericordias jamás terminan. Grande es su fidelidad;
sus misericordias son nuevas cada mañana".
Lamentaciones 3:22–23

"Pues su ira dura solo un instante, ¡pero su favor
perdura toda una vida! El llanto podrá durar toda
la noche, pero con la mañana llega la alegría".
Salmo 30:5

"Es bueno proclamar por la mañana tu amor
inagotable y por la noche tu fidelidad".
Salmo 92:2

"A la mañana siguiente, antes del amanecer, Jesús
se levantó y fue a un lugar aislado para orar".
Marcos 1:35

¡No lo deje caer!

Muchas familias conservan recuerdos especiales de familiares que vivieron antes que ellas: alguna joya, una bandeja de porcelana, un libro. Yo tengo algunos tesoros muy significativos, pero no tantos como los que mi madre tenía en su vitrina de porcelanas. En su colección había un jarrón en particular que era muy especial para ella. En primavera lo sacaba de la vitrina, lo lavaba con cuidado en una cubeta con agua tibia jabonosa, lo secaba y lo ponía otra vez en la vitrina. Luego decía las mismas palabras que siempre pronunciaba mientras realizaba este ritual, y que yo le había oído decir desde que era una niña: "Este jarrón ha pasado de generación en generación".

Me sentía fascinada por el jarrón, así que un día, aunque podía verlo perfectamente desde donde estaba, decidí que necesitaba verlo más de cerca. Había escuchado decir que la porcelana más fina era casi traslúcida cuando se colocaba bajo la luz. Así que, con mucho cuidado, saqué el jarrón de la vitrina y lo sostuve bajo la luz que entraba por la venta. "Es hermoso", dije en voz baja, pero antes de terminar de decir esas palabras, el jarrón se resbaló entre mis manos y se estrelló en cientos de pedazos sobre la alfombra de la sala.

"Tengo que irme de la casa", decidí, pero como solo tenía trece años, mis oportunidades de sobrevivir no eran alentadoras. Eso significaba que no tenía más opciones: tenía que enfrentar la situación.

—Mamá —comencé a decir, con el corazón en la boca del estómago—, ¿sabes el jarrón que dices que ha pasado de generación en generación?

—Sí —dijo ella.

—Bueno. . . ¡Esta generación lo dejó caer!

A pesar de lo tonta que suena, esa frase ha permanecido conmigo a través de los años, y recientemente se ha convertido en una plegaria apasionada. ¡No quiero que seamos la generación que lo deje caer!

Estamos viviendo días oscuros. Las noticias en el exterior son cada vez más desalentadoras y dentro de nuestras propias fronteras, nuestros derechos básicos como seguidores de Cristo se han ido erosionando poco a poco. Cuando se nos presiona para que nos adaptemos a ideas que se oponen a nuestra fe, podemos sentir la tentación de sentarnos tranquilamente a esperar que Jesús venga a rescatarnos.

Pero yo no quiero observar en silencio la desaparición del cristianismo. Quiero vivir mi fe con energía; más allá del uso de frases trilladas y pegajosas, franelas con mensajes, o clichés superficiales; quiero vivir con amor, misericordia y gracia, que logren atraer a la gente hacia Jesús.

¿Qué podemos hacer para permanecer firmes en la fe y no abandonar la asignación que Dios nos ha dado? Nuestro mejor recurso es el poder de Dios, el cual se encuentra disponible a través del Espíritu Santo que habita en nosotros y en la Palabra escrita de Dios.

> *La Palabra de Dios es más afilada que una espada de dos hojas, pero no sirve de nada si no sabemos cómo usarla.*

ᔥ Cinco minutos en la Palabra ᔥ

"Si te quedas callada en un momento como este, el alivio y la liberación para los judíos surgirán de algún otro lado, pero tú y tus parientes morirán. ¿Quién sabe si no llegaste a ser reina precisamente para un momento como este?".
Ester 4:14

"Pues la Palabra de Dios es viva y poderosa. Es más cortante que cualquier espada de dos filos; penetra entre el alma y el espíritu, entre la articulación y la médula del hueso. Deja al descubierto nuestros pensamientos y deseos más íntimos".
Hebreos 4:12

"Por lo tanto, pónganse todas las piezas de la armadura de Dios para poder resistir al enemigo en el tiempo del mal. Así, después de la batalla, todavía seguirán de pie, firmes. Defiendan su posición, poniéndose el cinturón de la verdad y la coraza de la justicia de Dios. Pónganse como calzado la paz que proviene de la Buena Noticia a fin de estar completamente preparados. Además de todo eso, levanten el escudo de la fe para detener las flechas encendidas del diablo. Pónganse la salvación como casco y tomen la espada del Espíritu, la cual es la palabra de Dios".
Efesios 6:13–17

"Tu Palabra es una lámpara que guía mis pies y una luz para mi camino".
Salmo 119:105

Cristo está con usted

¿Alguna vez ha tenido dudas de que Dios está con usted? ¿Alguna vez ha mirado el saldo de su cuenta bancaria y la montaña de facturas y se ha preguntado si Dios se acuerda de dónde usted vive?

¿Se siente rodeado de oscuridad y se pregunta si está perdido?

Si permitimos que las circunstancias sean un indicador de la presencia de Cristo en nuestras vidas, podemos entrar en pánico cuando la marea empiece a crecer.

Marcos narra una situación como esta en el capítulo 4 de su evangelio. Los discípulos estaban cruzando el mar de Galilea con Jesús y, este último, agotado después de un día de enseñanza, se quedó dormido. El mar comenzó a agitarse cada vez más, y los hombres entraron en pánico. Despertando a Jesús, le preguntaron, "¡Maestro! ¿No te importa que nos ahoguemos?" (Mc. 4:38). Si lee el versículo 35, verá que ellos en realidad no entendieron lo que Jesús les había dicho: "Vamos al otro lado del lago" (DHH). Él no dijo: "Lleguemos hasta la mitad del camino y ahoguémonos". Jesús sabía que ellos saldrían sanos y salvos del mar embravecido.

A veces somos como esos discípulos, y nos olvidamos de lo que se nos ha prometido. La vida cristiana se parece mucho a un paseo en bote. Cristo nos ha dicho a donde vamos, pero a veces, a mitad de camino, no sentimos su presencia y solo nos fijamos en las tormentas que nos agobian. Pablo les dijo a sus compañeros creyentes: "Y estoy seguro de que Dios, quien comenzó la buena obra en ustedes, la continuará hasta que quede completamente terminada el día que Cristo Jesús vuelva" (Fil. 1:6). Él no dijo que deseaba que esto ocurriera, o que mientras nada cambiara en el mundo eso sería así. Él dijo "estoy seguro". Este hombre, cuyo camino a la salvación involucró un encuentro enceguecedor con el Cristo resucitado, nos recuerda que Dios fue el único que comenzó a trabajar en nuestras vidas, y será el único en completar el trabajo.

Si siente que la vida es un poco dura en este momento, recuerde las promesas de Cristo y que usted no está solo, sino que Él está en el bote con usted.

> *No permita que una tormenta le impida creer en lo que Jesús le ha dicho.*

~∿ Cinco minutos en la Palabra ∿~

"Al anochecer de aquel mismo día, Jesús dijo a sus discípulos: 'Vamos al otro lado del lago'".
Marcos 4:35 (DHH)

"No amen el dinero; estén contentos con lo que tienen, pues Dios ha dicho: 'Nunca te fallaré. Jamás te abandonaré'".
Hebreos 13:5

"Enseñen a los nuevos discípulos a obedecer todos los mandatos que les he dado. Y tengan por seguro esto: que estoy con ustedes siempre, hasta el fin de los tiempos".
Mateo 28:20

"Dios es mi fortaleza firme, y hace perfecto mi camino".
2 Samuel 22:33

"Por lo tanto, ya que estamos rodeados por una enorme multitud de testigos de la vida de fe, quitémonos todo peso que nos impida correr, especialmente el pecado que tan fácilmente nos hace tropezar. Y corramos con perseverancia la carrera que Dios nos ha puesto por delante. Esto lo hacemos al fijar la mirada en Jesús, el campeón que inicia y perfecciona nuestra fe. Debido al gozo que le esperaba, Jesús soportó la cruz, sin importarle la vergüenza que esta representaba. Ahora está sentado en el lugar de honor, junto al trono de Dios".

Hebreos 12:1–2

Bienvenidos por la realeza

Había estado practicando el saludo durante semanas, y sabía que no podía hablar hasta que me hablaran a mí.

Me estaba preparando para animar una gala en el Royal Albert Hall de Londres, a la cual asistiría Su Alteza Real, la princesa Ana. Al final de la velada todos conoceríamos a la princesa, y me explicaron claramente las normas.

"Recuerda, la primera vez que ella se dirija a ti, debes llamarla 'Su Alteza Real' —me dijo mi asesor de palacio—. Después de eso, simplemente dirígete a ella como 'Madame'. ¿Está claro?"

¡Y me había quedado claro!

Todo transcurrió de forma impecable hasta el momento en que esperábamos en línea para conocerla. Yo estaba de segunda en la línea, y sentía el corazón desbocado. La princesa Ana estaba hermosa, luciendo un vestido de gala en tafetán verde, combinado con zarcillos de esmeralda y diamantes. Cuando se acercaba, me quedé en blanco. Totalmente en blanco.

¿La debo llamar "Su Majestad"? No, ¡eso es para la Reina!, pensé, en un estado de pánico total.

De pronto, la princesa Ana se detuvo frente a mí, extendiendo su mano, blanca como la azucena. Le espeté la única palabra que aparentemente aún recordaba del idioma:

—¡Hola!

Por encima de su hombro pude ver a mi instructor de palacio aguantando la respiración.

¡Se acabó! Me encerrarán en la Torre de Londres, pensé.

Pero la princesa Ana apretó mi mano y contestó:

—¡Hola a ti también!

Que gran honor. A pesar de lo nerviosa que estaba ante la perspectiva de conocer a un miembro de la familia real, todo esto palidece en comparación con la invitación que se nos hace a usted y a mí a cada instante de nuestras vidas. Tenemos el privilegio de entrar en el mismísimo salón del trono del Dios todopoderoso. Lea la frase nuevamente, porque esta verdad ya se puede haber convertido en algo cotidiano: tenemos el privilegio de entrar en el mismísimo salón del trono del Dios todopoderoso. Que nuestros corazones se aceleren al aceptar la invitación que se nos hace en Hebreos: "Así que acerquémonos con toda confianza al trono de la gracia de nuestro Dios. Allí recibiremos su misericordia y encontraremos la gracia que nos ayudará cuando más la necesitemos" (Heb. 4:16). Jesús nos aceptará con gracia y misericordia, ¡así se nos enrede la lengua!

> *¡Viva cada día sabiendo que es un hijo amado del Rey de reyes, y que siempre es bienvenido a entrar en su presencia!*

≈⫘ Cinco minutos en la Palabra ⫘≈

"Tuyos, oh Señor, son la grandeza, el poder, la gloria, la victoria y la majestad. Todo lo que hay en los cielos y en la tierra es tuyo, oh Señor, y este es tu Reino. Te adoramos como el que está por sobre todas las cosas".
1 Crónicas 29:11

"Todos los reyes del mundo te darán gracias, Señor, porque cada uno de ellos escuchará tus palabras. Así es, cantarán acerca de los caminos del Señor, porque la gloria del Señor es muy grande".
Salmo 138:4–5

"Levántate, oh Señor, en tu poder; con música y cánticos celebramos tus poderosos actos".
Salmo 21:13

"Por lo tanto, Dios lo elevó al lugar de máximo honor y le dio el nombre que está por encima de todos los demás nombres para que, ante el nombre de Jesús, se doble toda rodilla en el cielo y en la tierra y debajo de la tierra, y toda lengua declare que Jesucristo es el Señor para la gloria de Dios Padre".
Filipenses 2:9–11

Un frasco de sus lágrimas

Cuando abrí el regalo de mi amiga, no estaba muy segura de lo que era. El pequeño frasco de vidrio, de unas dos pulgadas de alto, era de un hermoso color azul cobalto y estaba cubierto con una filigrana plateada.

Pensé que se trataba de un frasco de perfume. Pero mi amiga decía en la tarjeta que era un frasco de lágrimas, una rareza que había encontrado en una tienda de antigüedades de Israel. Investigué un poco sobre el tema, y descubrí que los frascos de lágrimas eran muy comunes en Roma y Egipto en los tiempos de Cristo. Los dolientes recolectaban sus lágrimas cuando iban camino al cementerio a enterrar a sus seres queridos, lo cual era un indicador tangible de cuanto amor se sentía por esa persona. En ocasiones, se les pagaba a algunas mujeres para que siguieran al cortejo y lloraran en los frascos. Aparentemente, mientras más angustia y lágrimas produjera, más valiosa e importante era la persona fallecida. Pero cuenta la leyenda que aquellos dolientes alquilados, los que lloraban más alto y producían la mayor cantidad de lágrimas, recibían la mayor compensación.

Atesoro esa pequeña botella azul porque me recuerda una verdad espiritual profunda sobre la cual David escribió en Salmo 56, cuando se encontraba en uno de los puntos más bajos de su vida. David había sido capturado por sus enemigos en Gat (había fingido demencia para salvarse), pero se sintió reconfortado en el hecho de que Dios había visto todo lo que él había pasado y había recogido cada lágrima que él había derramado. Me encanta la confianza que tenía David en la misericordia y fidelidad de Dios, incluso cuando él mismo no había sido fiel con el Dios santo. David sabía sin ninguna duda que el Dios todopoderoso nunca desperdicia un momento, lágrima o mirada de ninguno de sus hijos. ¿Confía usted en esta verdad, o aún se pregunta si Dios puede amarlo de esa manera?

¿Alguna vez se ha sentido solo? ¿Alguna vez ha pensado: "Nadie en este planeta entiende la profundidad de mi sufrimiento"?

Si usted se desvió del camino, ¿cree usted que Dios guardará su misericordia hasta que usted regrese al camino correcto?

Ese no es el Dios que David conoció. Ese no es el Dios de la Biblia. Tenemos un Padre que nos acompaña en todo lo que hacemos y recoge cada una de las lágrimas que derramamos. Cuando entendemos la profundidad de esa verdad, podemos decir con confianza, como dijo David: "Una cosa sé: ¡Dios está de mi lado!" (Sal. 56:9).

> *Nuestro padre celestial conoce cada una de nuestras luchas y nunca se aparta de nuestro lado.*

ᕙᕗ Cinco minutos en la Palabra ᕙᕗ

"Tú llevas la cuenta de todas mis angustias y has juntado todas mis lágrimas en tu frasco; has registrado cada una de ellas en tu libro".
Salmo 56:8

"El Señor oye a los suyos cuando claman a Él por ayuda;
los rescata de todas sus dificultades.
El Señor está cerca de los que tienen quebrantado el corazón;
Él rescata a los de espíritu destrozado".
Salmo 34:17–18

"Él sana a los de corazón quebrantado y les venda las heridas".
Salmo 147:3

"Los que siembran con lágrimas cosecharán con gritos de alegría".
Salmo 126:5

"Dios bendice a los que lloran, porque serán consolados".
Mateo 5:4

Toda la noche

Siempre me han fascinado las películas. Cuando era niña, prefería ver películas que hacer cualquier otra cosa. Pero había una película de la que no estaba muy segura. Yo tenía doce años de edad y mi mamá nos llevaría a mi hermana Frances y a mí a ver *Los Diez Mandamientos*.

"Me encanta la Biblia, mamá, pero creo que esta película será aburrida", le dije.

Ella me aseguró que había escuchado excelentes críticas sobre los efectos especiales, y que con toda seguridad nos encantaría a las tres. Yo no estaba tan convencida.

Fuimos a *Green's Playhouse*, el cine más antiguo que existe en nuestra ciudad, lo cual me parecía apropiado. El cine tenía largas cortinas de terciopelo que se abrían para revelar la pantalla. Bueno, así funcionaba la mayoría de las veces. Esa noche, se necesitaron dos hombres y una escalera para abrir las cortinas. Cuando la película empezó, para mi sorpresa, me atrapó.

Nunca olvidaré lo que sentí cuando Charlton Heston —es decir, Moisés— levantó su vara y las aguas del mar Rojo se abrieron más fácilmente que las cortinas. Solo le tomó diecisiete segundos abrirlas (lo sé porque la he visto muchas veces más y lo he contado). Sin embargo, esa estupenda escena no es un reflejo fiel de lo que Moisés y los hijos de Israel vivieron, porque como dijo el propio Moisés: "El viento sopló durante toda la noche y transformó el lecho del mar en tierra seca" (Ex. 14:21). *¡Toda la noche!*

¿Alguna vez ha orado y se ha preguntado por qué parece que Dios no está haciendo nada? *Lo que no podemos ver con nuestros ojos físicos, es lo que Dios ha estado trabajando durante toda la noche.*

¿Alguna vez ha llorado por un hijo que anda extraviado y pareciera que no va a regresar? *Dios ha estado trabajando toda la noche.*

¿Alguna vez ha orado por conseguir un empleo que le permita apoyar a su familia y, aunque ha derramado su corazón, Dios parece hacer oídos sordos a sus súplicas? *Dios ha estado trabajando toda la noche.*

Solo Dios sabe lo larga que será la noche, pero usted puede estar completamente seguro de que Él trabaja en la oscuridad. Cuando apoye su cabeza en la almohada esta noche, déjele a Él sus preocupaciones, ¡y descanse en la seguridad de que Él está trabajando para su bien!

> *Cuando parezca que no hay razones para tener esperanza, recuerde que Dios ha estado trabajando toda la noche.*

⌒ Cinco minutos en la Palabra ⌒

"Luego Moisés extendió la mano sobre el mar y el Señor abrió un camino a través de las aguas mediante un fuerte viento oriental. El viento sopló durante toda la noche y transformó el lecho del mar en tierra seca".
Éxodo 14:21

"La fe es la confianza de que en verdad sucederá lo que esperamos; es lo que nos da la certeza de las cosas que no podemos ver".
Hebreos 11:1

"Tu amor inagotable, oh Señor, es tan inmenso como los cielos; tu fidelidad sobrepasa las nubes".
Salmo 36:5

"Observen las naciones; ¡mírenlas y asómbrense!
Pues estoy haciendo algo en sus propios días, algo
que no creerían aun si alguien les dijera".
Habacuc 1:5

"Pero si deseamos algo que todavía no tenemos,
debemos esperar con paciencia y confianza".
Romanos 8:25

No olvidaré tu Palabra

Una vez, dando vueltas en una librería, tomé una copia del libro *Pensées* ("Pensamientos", en francés) de Blaise Pascal. Para ese momento no sabía mucho sobre él, pero, por alguna razón, me sentí atraída hacia ese libro. Al poco tiempo me enteré de que este individuo había sido un matemático y físico francés, que una noche tuvo un dramático encuentro de dos horas con Dios, el cual le cambió la vida para siempre. Pascal escribió su experiencia en un trozo de papel y lo cosió en el forro de su abrigo. Cada vez que se cambiaba de ropa, cambiaba el papel para que siempre lo acompañara. No sé cuál era el texto completo, pero sé que incluía las siguientes palabras: "Fuego. Dios de Abraham, Dios de Isaac, Dios de Jacob", y concluía con las palabras del Salmo 119:16: "No olvidaré tu Palabra".

Cuando pienso en el compromiso que hizo Pascal de llevar siempre consigo un recordatorio de su experiencia sagrada, me pregunto de qué manera nosotros podemos hacer algo similar en nuestra vida. ¿Qué verdad nos ha revelado Él, y qué podemos hacer para recordarla?

Cuando fui bautizada en mi pequeña iglesia bautista, en Escocia, a los dieciséis años, se leyó este versículo mientras yo entraba al agua:

"Ustedes no me eligieron a mí, yo los elegí a ustedes. Les encargué que vayan y produzcan frutos duraderos, así el Padre les dará todo lo que pidan en mi nombre" (Jn. 15:16).

Desde ese día, cada vez que he cuestionado mi habilidad o la efectividad de mi ministerio, me acuerdo de esa verdad. Dios me escogió, me designó, y el resto se lo dejo a Él.

Tal vez tenga un versículo en particular que le haya tocado de manera profunda en algún momento de su vida. Tal vez haya escogido un versículo para un momento importante como su bautizo, su boda, o la renovación de su compromiso con Cristo. O tal vez, en medio de una situación difícil, Dios le dio un versículo que le fue de ayuda hasta que las cosas mejoraron. Si no tiene un versículo especial, pídale a Dios que le ayude a encontrar uno. Él quiere que usted vaya por la vida consciente de su presencia y de su amor por usted. Y Él puede hacerlo, a través de su Palabra.

> *No olvidaré tu Palabra.*

❦ Cinco minutos en la Palabra ❧

*"Recostado, me quedo despierto pensando y
meditando en ti durante la noche".*
Salmo 63:6

*"Pero después me acuerdo de todo lo que has hecho, oh Señor;
recuerdo tus obras maravillosas de tiempos pasados".*
Salmo 77:11

*"He guardado tu palabra en mi corazón,
para no pecar contra ti".*
Salmo 119:11

"Felices son los íntegros, los que siguen las enseñanzas
del Señor. Felices son los que obedecen sus leyes y
lo buscan con todo el corazón. No negocian con el
mal y andan solo en los caminos del Señor".
Salmo 119:1–3

"Hazlos santos con tu verdad; enséñales tu palabra, la cual es
verdad. Así como tú me enviaste al mundo, yo los envío al mundo".
Juan 17:17–18

Un amor ineludible

Acababa de terminar la escuela bíblica y me estaba preparando para ir a casa, cuando noté que una joven mujer estaba deambulando en la parte de atrás del salón, como si no estuviera muy segura de qué hacer. Me acerqué a ella y le dije:

—Muchas gracias por venir.

—No, ¡gracias *a usted*! —dijo ella—. Y... me gustaría darle algo.

Me dio una pulsera con cinco hileras de cuentas doradas y plateadas.

—Gracias. Es hermosa.

Sus ojos se llenaron de lágrimas.

—Durante muchos años he usado esa pulsera para cubrir esto—dijo ella, levantándose la manga izquierda de su suéter—. Intenté quitarme la vida hace unos años. Eso me daba mucha vergüenza, así que usaba la pulsera para cubrir la cicatriz.

La abracé fuerte.

—¿Por qué me la das a mí ahora?

—¡Porque ya no tengo nada de qué avergonzarme! Hoy finalmente lo entendí. ¡Ya no tengo que sentirme avergonzada!

Dios había abierto su corazón a la gracia radical de su evangelio y a la realidad de su amor, que todo lo abarca. En Él, podemos dejar ir cualquier cosa que hayamos hecho o dejado de hacer, cualquier cosa que hubiéramos deseado decir o no decir. Cuando empezamos una relación con Jesucristo, su deseo es que sigamos avanzando, perdonados nuestros pecados y libres de cualquier vergüenza. Pero, con frecuencia, no logramos superar los sentimientos de la vergüenza. *Hacemos* algo malo, y sentimos que *somos* malas personas. Olvidamos que Jesús pagó esa vergüenza en la cruz, para que usted y yo pudiéramos ser libres.

Cuando Pablo les escribió a los creyentes en Roma, su corazón ardía con el amor avasallante de Dios. Cuando explicaba los detalles de su prédica, le hablaba a aquella audiencia que creía que sus acciones eran demasiado malvadas para que Dios las perdonara. Lea atentamente la confiada y audaz declaración de Pablo en Romanos 8:38–39: absolutamente nada nos puede separar del amor de Dios. Dios nos ama y nos perdona. Podemos ir en paz.

> *Está clarísimo: absolutamente nada nos puede separar del amor de Dios.*

✦ Cinco minutos en la Palabra ✦

"Y estoy convencido de que nada podrá jamás separarnos del amor de Dios. Ni la muerte ni la vida, ni ángeles ni demonios, ni nuestros temores de hoy ni nuestras preocupaciones de mañana. Ni siquiera los poderes del infierno pueden separarnos del amor de Dios. Ningún poder en las alturas ni en las profundidades, de hecho, nada en toda la creación podrá jamás separarnos del amor de Dios, que está revelado en Cristo Jesús nuestro Señor".
Romanos 8:38–39

"¡Qué precioso es tu amor inagotable, oh Dios! Todos los seres humanos encuentran refugio a la sombra de tus alas".
Salmo 36:7

"Ten misericordia de mí, oh Dios, debido a tu amor inagotable; a causa de tu gran compasión, borra la mancha de mis pecados".
Salmo 51:1

"Pido en oración que, de sus gloriosos e inagotables recursos, los fortalezca con poder en el ser interior por medio de su Espíritu. Entonces Cristo habitará en el corazón de ustedes a medida que confíen en él. Echarán raíces profundas en el amor de Dios, y ellas los mantendrán fuertes. Espero que puedan comprender, como corresponde a todo el pueblo de Dios, cuán ancho, cuán largo, cuán alto y cuán profundo es su amor. Es mi deseo que experimenten el amor de Cristo, aun cuando es demasiado grande para comprenderlo todo. Entonces serán completos con toda la plenitud de la vida y el poder que proviene de Dios".

Efesios: 3:16–19

"Miren con cuánto amor nos ama nuestro Padre que nos llama sus hijos, ¡y eso es lo que somos! Pero la gente de este mundo no reconoce que somos hijos de Dios, porque no lo conocen a Él".

1 Juan 3:1

Resistir, cuando
queramos desistir

"¡Esto es demasiado difícil, mamá! No puedo hacerlo".
Estaba preocupada por mi hijo. En su primer año de secundaria había recibido una cantidad ridícula de tareas, investigaciones e informes por hacer. Yo no recuerdo haber tenido que hacer ni la mitad de ese trabajo cuando tenía su edad.

Miré a mi hijo directamente a sus grandes ojos marrones.

—Christian, Dios te ha dado una mente increíble. Eres inteligente, y te has esforzado por conseguir buenas calificaciones. Solo tienes que resistir un poco más. El año que viene, cuando estés solicitando ingreso en las diferentes universidades, podrás ver los frutos de las semillas que plantaste este año.

—Parece que falta mucho para eso—, dijo él con una sonrisa irónica, mientras yo me dirigía a comprarle una de sus bebidas favoritas (que por cierto es horrible).

Es difícil continuar cuando la línea de llegada se ve demasiado lejos. Es mucho más difícil cuando nadie nos anima, o al menos nos ofrecen una bebida para recargar energías. Además, la perseverancia no tiene muchos adeptos en esta cultura que celebra la inmediatez y el exceso de seguridad. Queremos lo que queremos cuando lo queremos, pero la Palabra de Dios tiene mucho que decir sobre el arte de resistir cuando queremos desistir.

He estado en este camino durante más de treinta años y, aunque amo lo que hago, de vez en cuando he llegado a pensar: *Esto es demasiado difícil. Se acabó.* Cada vez que comienzo a pensar así, voy de inmediato al pasaje del libro de Hebreos, que tiene palabras poderosas sobre la perseverancia de Cristo Jesús, el mejor ejemplo de todos:

"Por lo tanto, ya que estamos rodeados por una enorme multitud de testigos de la vida de fe, quitémonos todo peso que nos impida correr, especialmente el pecado que tan fácilmente nos hace tropezar. Y corramos con perseverancia la carrera que Dios nos ha puesto por delante. Esto lo hacemos al fijar la mirada en Jesús, el campeón que inicia y perfecciona nuestra fe. Debido al gozo que le esperaba, Jesús soportó la cruz, sin importarle la vergüenza que esta representaba. Ahora está sentado en el lugar de honor, junto al trono de Dios. Piensen en toda la hostilidad que soportó por parte de pecadores, así no se cansarán ni se darán por vencidos" (Heb. 12:1–3).

Pensemos en lo que Jesús tuvo que aguantar, y en que lo hizo gracias al amor que siente por nosotros. ¡Pensar en todo lo que Cristo hizo por nosotros puede ayudarnos a tomar una profunda bocanada de aire y seguir adelante!

> *Cada vez que nos sintamos cansados de hacer lo que hacemos por Jesús, pensemos en lo que Jesús hizo por nosotros.*

ᨊᥱ᠍᠍ Cinco minutos en la Palabra ᨌᥱ᠍

"También nos alegramos al enfrentar pruebas y dificultades
porque sabemos que nos ayudan a desarrollar resistencia.
Y la resistencia desarrolla firmeza de carácter, y el carácter
fortalece nuestra esperanza segura de salvación.
Y esa esperanza no acabará en desilusión.
Pues sabemos con cuánta ternura nos ama Dios,
porque nos ha dado el Espíritu Santo para
llenar nuestro corazón con su amor".
Romanos 5:3–5

"¡Den gracias al Señor, porque Él es bueno! Su
fiel amor perdura para siempre".
1 Crónicas 16:34

"No se preocupen tanto por las cosas que se echan a
perder, tal como la comida. Pongan su energía en buscar
la vida eterna que puede darles el Hijo del hombre. Pues
Dios Padre me ha dado su sello de aprobación".
Juan 6:27

"Abundará el pecado por todas partes, y el amor de muchos se
enfriará; pero el que se mantenga firme hasta el fin será salvo".
Mateo 24:12–13

"Dios bendice a los que soportan con paciencia las pruebas y
las tentaciones, porque después de superarlas, recibirán la
corona de vida que Dios ha prometido a quienes lo aman".
Santiago 1:12

Sublime gracia

-L lamémosla Sublime Gracia—sugirió Christian.

—Es un hermoso nombre para una lora —respondí—. ¿Por qué lo escogiste?

—Porque esta noche, en el funeral, ella sabrá que hablamos de ella.

Cada vez que enterramos uno de los animalitos de mi hijo, debo cantar por lo menos dos versos el himno clásico "Sublime gracia". Para los peces son dos versos, para los hámsteres usualmente hay que cantarla toda, y cuando murió nuestro gato, Thomas O'Malley, ¡Christian quiso que alquilara una gaita! (Pero yo preferí utilizar un disco compacto).

La parte que más le gusta a Christian es "mas yo perdido, Él me halló". Lo entiendo perfectamente. Todos queremos saber que somos parte de algo y que, si alguna vez nos perdemos, alguien vendrá por nosotros.

Una de las historias más famosas de Jesús es la que habla de un muchacho que se perdió, el hijo pródigo. Esta historia debió haber impactado mucho a la audiencia de Jesús, ya que solicitar la herencia cuando el padre aún estaba vivo era un terrible agravio. En esa cultura, los padres eran muy respetados. Reclamar la herencia que le correspondía y luego malgastarla en fiestas, demostraba que el hijo no sentía ningún tipo de respeto hacia el padre. La historia también incluía lo que debía ser una imagen aterradora para la audiencia de Cristo:

¡Un judío cuidando cerdos! Se había convertido en un ser impuro, viviendo en medio de la impureza.

Sin embargo, la parte más ofensiva de la historia no debió haber sido lo del hijo ingrato, sino el padre lleno de gracia. "Entonces regresó a la casa de su padre, y cuando todavía estaba lejos, su padre lo vio llegar. Lleno de amor y de compasión, corrió hacia su hijo, lo abrazó y lo besó" (Lc. 15:20).

Usted y yo quizás sonreímos al imaginar a un padre feliz que corre hacia su hijo, pero para la audiencia judía esto era impensable. Un padre rico y respetado, que había vivido bajo la sombra del mismísimo Abraham, jamás levantaría sus vestidos para correr, especialmente hacia la persona que había traído tal desgracia a la familia. Esta historia era muy ofensiva, y aún lo es. La gracia de Dios ofende profundamente a aquellos que creen que incluso una célula de nuestro ser merece más el amor de Dios que los demás.

> ¡Sublime gracia del Señor!

⚜ Cinco minutos en la Palabra ⚜

"Entonces regresó a la casa de su padre, y cuando todavía estaba lejos, su padre lo vio llegar. Lleno de amor y de compasión, corrió hacia su hijo, lo abrazó y lo besó".
Lucas 15:20

"Pero Dios mostró el gran amor que nos tiene al enviar a Cristo a morir por nosotros cuando todavía éramos pecadores".
Romanos 5:8

"Dios los salvó por su gracia cuando creyeron. Ustedes no tienen
ningún mérito en eso; es un regalo de Dios. La salvación no
es un premio por las cosas buenas que hayamos hecho, así
que ninguno de nosotros puede jactarse de ser salvo".
Efesios 2:8–9

"De su abundancia, todos hemos recibido una
bendición inmerecida tras otra".
Juan 1:16

"Pero mi vida no vale nada para mí a menos que la
use para terminar la tarea que me asignó el Señor
Jesús, la tarea de contarles a otros la Buena Noticia
acerca de la maravillosa gracia de Dios".
Hechos 20:24

Caer de rodillas

Una de las tristezas más grandes que puede sentir una mujer es la de no poder tener hijos propios. No todas las mujeres desean ser madres pero, para las que sí lo desean y mes tras mes sufren la decepción de no poder concebir, el dolor puede ser cruel e implacable.

Además de este sufrimiento, las mujeres en el Antiguo Testamento tenían que llevar el estigma, muy común en la época, de que la falta de hijos era una maldición, una señal de que Dios estaba enojado con ellas, y que además les habían fallado a sus esposos. A fin de cuentas, todo hombre deseaba tener un hijo, un heredero, alguien que perpetuara el apellido de la familia.

Una de las historias más conmovedoras que he leído tiene que ver con esto. Es la historia de Ana, que se encuentra en 1 Samuel 1. Ana era una de las dos esposas de Elcana, y el autor la presenta así: "Penina tenía hijos, pero Ana no" (1 Samuel 1:2). No es necesario añadir nada más.

La crueldad de la otra esposa empeoraba el dolor de Ana: "De manera que Penina se mofaba y se reía de Ana porque el Señor no le había permitido tener hijos. Año tras año sucedía lo mismo: Penina se burlaba de Ana mientras iban al tabernáculo. En cada ocasión, Ana terminaba llorando y ni siquiera quería comer" (1:6–7). Ese tipo de dolor continuo cambia a las personas. O bien las acerca al corazón de Dios, que entiende de sufrimientos, o las hace cuestionarse sobre su amor, incluso su misma existencia.

¿Qué hizo Ana en su noche más oscura? Esta mujer desconsolada sabía a dónde debía llevar su dolor: "Ana se levantó y fue a orar" (v. 9). Y oró con tanta pasión que Elías, el sacerdote, pensó que estaba ebria. Ana no estaba ebria, estaba desesperada. "¡Oh no, señor! —respondió ella—. No he bebido vino ni nada más fuerte. Pero como estoy muy desanimada, derramaba ante el Señor lo que hay en mi corazón" (v. 15).

Ana pudo haberse enojado contra Penina, contra Elcana, e incluso contra Dios; pero, en medio de su dolor, escogió clamar a Él. Hagamos nosotros lo mismo.

> *Que tu dolor te haga caer de rodillas,*
> *porque allí encontrarás tu mayor fortaleza.*

ᴥ Cinco minutos en la Palabra ᴥ

"Él da poder a los indefensos y fortaleza a los débiles. Hasta los jóvenes se debilitan y se cansan, y los hombres jóvenes caen exhaustos. En cambio, los que confían en el Señor encontrarán nuevas fuerzas; volarán alto, como con alas de águila. Correrán y no se cansarán; caminarán y no desmayarán".
Isaías 40:29–31

"Esto dice el Señor Soberano, el Santo de Israel: 'Ustedes se salvarán solo si regresan a mí y descansan en mí. En la tranquilidad y en la confianza está su fortaleza; pero no quisieron saber nada de esto'".
Isaías 30:15

"El Señor está cerca de los que tienen quebrantado el corazón; Él rescata a los de espíritu destrozado".
Salmo 34:18

"Pongan todas sus preocupaciones y ansiedades en las manos de Dios, porque Él cuida de ustedes".
1 Pedro 5:7

Sabiduría en las encrucijadas de la vida

Cuando Christian comenzó su último año de secundaria, comenzaron a llover lo catálogos. Los de las universidades pequeñas ofrecían unas cuantas carreras. Otros rivalizaban con *La guerra y la paz* en tamaño. El que mejor recuerdo se lo enviaron de una facultad de farmacia: tenía la forma de un enorme frasco de pastillas, con las siguientes advertencias sobre los posibles efectos secundarios:

Puede resultar en una carrera exitosa.

Las complicaciones pueden incluir altos ingresos.

Puede llevar a una profesión con estabilidad laboral.

Este método creativo de publicidad resaltaba la gran importancia que tienen las encrucijadas de la vida: ¿A cuál universidad debo ir? ¿Deberíamos comprar una casa nueva? ¿Cuál es la oferta laboral más conveniente? ¿Es esta la persona correcta para casarme?

El rey Salomón, autor de la mayoría del libro de Proverbios, fue famoso primordialmente por una cosa: "Dios le dio a Salomón sabiduría e inteligencia extraordinarias; sus conocimientos eran tan vastos como la arena que está a la orilla del mar. Sobrepasó en sabiduría a todos los sabios del Oriente y de Egipto" (1 R. 4:29–30, NVI). A la luz de la "sabiduría extraordinaria" de Salomón, me regocijo cuando él afirma que si confiamos en Dios, en vez de guiarnos por lo que tiene sentido para nosotros, y cuando deseamos sinceramente hacer la voluntad de Dios, Él nos mostrará el camino que debemos seguir.

Vivir como cristianos no es caminar en la cuerda floja sobre un aterrador precipicio. Al contrario, podemos caminar con confianza y paso a paso, bajo la dirección de nuestro amoroso Padre. Después de todo, Él desea mostrarnos su voluntad mucho más de lo que nosotros queremos conocerla.

> *Su buen Pastor anhela que usted conozca su voluntad. Solo pregúntesela.*

❧ Cinco minutos en la Palabra ❧

"Confía en el Señor con todo tu corazón; no dependas de tu propio entendimiento. Busca su voluntad en todo lo que hagas, y Él te mostrará cuál camino tomar".
Proverbios 3:5–6

"Guíame por el camino correcto, oh Señor, o mis enemigos me conquistarán; allana tu camino para que yo lo siga".
Salmo 5:8

"Muéstrame la senda correcta, oh Señor; señálame el camino que debo seguir".
Salmo 25:4

"Le pido a Dios, fuente de esperanza, que los llene completamente de alegría y paz, porque confían en Él. Entonces rebosarán de una esperanza segura mediante el poder del Espíritu Santo".
Romanos 15:13

"Como dicen las Escrituras: Pongo en Jerusalén una piedra principal, elegida para gran honra, y todo el que confíe en Él jamás será avergonzado".

1 Pedro 2:6

Adoremos al Rey

En las imágenes que representan la noche de la Natividad, normalmente aparecen María, José, el niño Jesús, las ovejas, unos cuantos animales de granja y los sabios del Oriente, conocidos popularmente como "los Reyes Magos". No obstante, la verdad es que estos viajeros de oriente no llegaron sino mucho después, probablemente cuando Jesús era ya un bebé grande (Mateo 2:11 dice que ellos visitaron al niño en una casa, no en un establo). Los magos siguieron la estrella de Belén y viajaron unas novecientas millas (casi 1.500 km), probablemente desde Persia, actual Irán. ¿Por qué?

Seguramente conocían esta profecía de Balaam, quien fue habitante de Persia: "Lo veo a Él, pero no aquí ni ahora. Lo percibo, pero lejos, en un futuro distante. Una estrella se levantará de Jacob; un cetro surgirá de Israel" (Nm. 24:17). Los Reyes habían recibido una buena educación, lo que les permitió identificar las señales, y sabían que este niño era el Rey prometido. Le dijeron a Herodes: "¿Dónde está el Rey de los judíos que acaba de nacer? Vimos su estrella mientras salía y hemos venido a adorarlo" (Mateo 2:2).

No podemos darle a Cristo oro, incienso y mirra como hicieron los Magos, pero podemos darle el mejor regalo que estos hombres sabios le ofrecieron: el regalo de la adoración. Sea que nos arrodillemos e inclinemos nuestros rostros, o que estemos de pie, con los brazos levantados, declaramos que solo Él es digno de alabanza. La adoración no es solo un regalo invaluable para Dios, sino algo que nos cambia. La adoración nos pone en una posición correcta con Cristo y ajusta nuestras perspectivas. Llena nuestros corazones de amor por Él y activa nuestra fe, como ninguna otra cosa puede hacerlo.

Es por ello que los sabios hicieron tan grande esfuerzo por ir al encuentro con Jesús. ¡Es un honor adorar al Rey, y un gozo amarlo!

> *¡Oh, venid, vamos a adorar*
> *al Señor Jesucristo!*

⮞ Cinco minutos en la Palabra ⮜

"¿Dónde está el Rey de los judíos que acaba de nacer?
Vimos su estrella mientras salía y hemos venido a adorarlo".
Mateo 2:2

"Gracias a tu amor inagotable, puedo entrar en tu casa;
adoraré en tu templo con la más profunda reverencia".
Salmo 5:7

"Señor, ¿quién puede adorar en tu santuario?
¿Quién puede entrar a tu presencia en tu monte santo?
Los que llevan una vida intachable y hacen lo correcto,
los que dicen la verdad con corazón sincero".
Salmo 15:1–2

"Las mujeres se fueron a toda prisa. Estaban asustadas
pero a la vez llenas de gran alegría, y se apresuraron
para dar el mensaje del ángel a los discípulos.
Mientras iban, Jesús les salió al encuentro y las saludó.
Ellas corrieron hasta Él,
abrazaron sus pies y lo adoraron".
Mateo 28:8–9

"Por lo tanto, amados hermanos, les ruego que entreguen su cuerpo a Dios por todo lo que Él ha hecho a favor de ustedes. Que sea un sacrificio vivo y santo, la clase de sacrificio que a Él le agrada. Esa es la verdadera forma de adorarlo".

Romanos 12:1

Nuestra mejor opción

Jimmy nunca faltó a un servicio de la iglesia. Lo conocí cuando era una adolescente en Escocia, y aún recuerdo como oraba en nuestras reuniones de los jueves en la noche. Todas las semanas oraba por su esposa, pidiéndole a Dios que hiciera nacer en ella el deseo de conocer a Jesús. Ese hermoso acento del norte con el cual Jimmy expresaba su pasión por Jesús, dejó una marca indeleble en mi corazón. La esposa de Jimmy era una mujer adorable, pero no tenía ningún deseo de involucrarse con la iglesia de Jimmy, ni con su Dios. Pero él seguía orando. Nunca paró de orar hasta que murió.

Me pregunto si Dios le dijo a Jimmy, cuando le dio la bienvenida a casa, que sus oraciones habían sido respondidas. En el funeral de Jimmy, su esposa finalmente entregó su vida al Salvador a quien él había servido toda su vida. Todos lloramos en la iglesia ese día, celebrando el fruto producido por un guerrero de la oración, que había confiado totalmente en las promesas de Dios y nunca había dejado de orar.

A veces, cuando oramos por una persona y nuestras oraciones parecen no funcionar, podemos sentir que nos damos por vencidos. Al enemigo le encanta que creamos la mentira de que nuestras oraciones no cambian absolutamente nada. Y es exactamente eso: una mentira. En Lucas 18, Jesús nos habló de una viuda que no dejaba de pedirle ayuda a un juez, aunque este la ignoraba. Según Lucas: "Cierto día, Jesús les contó una

historia a sus discípulos para mostrarles que siempre debían orar y nunca darse por vencidos" (18:1).

He escuchado gente que dice: "La única opción que nos queda es orar". Pero no es la *única* opción, ¡es siempre nuestra mejor opción!

> La oración no es el último recurso; es la primera y la más efectiva línea de ataque.

⚡ Cinco minutos en la Palabra ⚡

"En el templo también estaba Ana, una profetisa muy anciana, hija de Fanuel, de la tribu de Aser. Su esposo había muerto cuando solo llevaban siete años de casados. Después ella vivió como viuda hasta la edad de ochenta y cuatro años. Nunca salía del templo, sino que permanecía allí de día y de noche adorando a Dios en ayuno y oración".
Lucas 2:36–37

"¡Pero Dios escuchó! Él prestó oídos a mi oración. Alaben a Dios, quien no pasó por alto mi oración ni me quitó su amor inagotable".
Salmo 66:19–20

"Escuchará las oraciones de los desposeídos; no rechazará sus ruegos. Que esto quede registrado para las generaciones futuras, para que un pueblo aún no nacido alabe al Señor".
Salmo 102:17–18

"Ustedes pueden orar por cualquier cosa, y si tienen fe la recibirán".
Mateo 21:22

"Alégrense por la esperanza segura que tenemos.
Tengan paciencia en las dificultades y sigan orando".
Romanos 12:12

Paz en la presencia de Jesús

Me parece fascinante que sepamos tan poco sobre la mayoría de los hombres y mujeres de la Biblia. En vez de una historia completa, hay solo algunos versículos breves o, en el mejor de los casos, un puñado de capítulos, que nos narra la manera en que un encuentro con el Dios viviente cambió sus vidas y sus destinos para toda la eternidad.

Siempre he querido saber más de, por ejemplo, el llamado gadareno endemoniado que vemos en Marcos 5. Jesús y sus amigos más cercanos se encontraron con este hombre después de haber pasado la noche en medio de una tormenta en el mar de Galilea. Los amigos de Jesús eran pescadores, tenían experiencia navegando tormentas repentinas, pero esa noche algo era particularmente inquietante. Mi teoría es que los elementos demoníacos estaban agitando el mar, ya que cuando Jesús se levantó para calmar las aguas, dijo "¡Silencio! ¡Cálmense!" (Mc. 4:39). En la versión griega, es la misma frase que Jesús había usado anteriormente para reprender a un demonio (Mc. 1:25). Estoy convencida de que las fuerzas del mal estaban tratando de evitar que Jesús liberara a un pobre hombre atormentado por sus demonios.

La vida de ese hombre era tan tempestuosa como el mar que Jesús había calmado. El espíritu del mal que lo poseía lo hacía romper cualquier cadena con la que la gente tratara de atarlo. El endemoniado vagaba entre las cuevas donde enterraban a los muertos y por las colinas "aullando y cortándose con piedras afiladas" (Mc. 5:5). Pero en el instante en que Jesús llegó a la orilla, el demonio corrió hacia Jesús y cayó a sus pies. Este hombre tal vez jamás había oído hablar de Jesús, pero los demonios dentro de él inmediatamente reconocieron a "Jesús, Hijo del Dios Altísimo" (v. 7). Me imagino que el hombre pensó: *No sé quién eres, ¡pero los que me atormentan sienten temor de ti!*

Puede leer la historia completa en Marcos 5, pero al final Cristo les ordenó a los demonios salir del cuerpo del hombre y entrar en la manada de cerdos que se alimentaban en la ladera. La manada inmediatamente comenzó a lanzarse al mar desde el acantilado. Era una escena caótica, excepto en un lugar. Cuando los lugareños escucharon los gruñidos, corrieron a ver "al hombre que había estado poseído por la legión de demonios. Se encontraba sentado allí, completamente vestido y en su sano juicio, y todos tuvieron miedo" (Mc. 5:15).

Me encanta que las historias cuando Jesús calma la tormenta y cuando libera al hombre endemoniado sean consecutivas. Cuando la tormenta arrecie, sea en el mundo exterior o dentro de nuestro corazón, esa tormenta tiene que obedecer a la voz de Jesús. Como vemos en estas dos historias, Jesús trae la paz donde hay tormenta y caos, sea interna o externamente.

> *El lugar más pacífico en el que podemos estar, es al lado de Jesús.*

～ Cinco minutos en la Palabra ～

"Cuando Jesús se despertó, reprendió al viento y dijo a las olas: «¡Silencio! ¡Cálmense!». De repente, el viento se detuvo y hubo una gran calma".
Marcos 4:39

*"Les dejo un regalo: paz en la mente y en el corazón. Y
la paz que yo doy es un regalo que el mundo no puede
dar. Así que no se angustien ni tengan miedo".*
Juan 14:27

*"Les he dicho todo lo anterior para que en mí tengan paz.
Aquí en el mundo tendrán muchas pruebas y tristezas;
pero anímense, porque yo he vencido al mundo".*
Juan 16:33

*"Permanezcan en mí, y yo permaneceré en ustedes. Pues una
rama no puede producir fruto si la cortan de la vid, y ustedes
tampoco pueden ser fructíferos a menos que permanezcan en mí".*
Juan 15:4

*"Los que viven al amparo del Altísimo encontrarán descanso a la
sombra del Todopoderoso. Declaro lo siguiente acerca del Señor:
Solo Él es mi refugio, mi lugar seguro; Él es mi Dios y en Él confío".*
Salmo 91:1–2

Esperar la luz verde de Dios

Por algunas muy buenas razones, no aprendí a conducir sino hasta que tuve veintisiete años y vivía en Estados Unidos. Crecí en Escocia, y mi madre era viuda. Sencillamente, no había suficiente dinero para que los tres hijos pudiéramos tomar clases de conducir. Mi hermana Frances, por ser la mayor, recibió las lecciones como regalo de una amiga de la iglesia. Mi hermano Stephen recibió lecciones de conducir porque era varón. Y yo... ¡tomaba el autobús!

Pero cuando me mudé a California, me di cuenta de que si no aprendía a conducir, me quedaría en casa hasta el regreso de Cristo. Las primeras lecciones fueron un poco desastrosas. De hecho, parecía que el instructor me hacía orillarme para tomarse una taza de café y un par de aspirinas. Pero logré dominarlo. Pronto, lo único que me faltaba aprender era el asunto de los semáforos. Yo podía adivinar cuándo la luz estaba a punto de cambiar a verde—lo podía sentir en mis interior—, pero esa habilidad especial no era del total agrado del instructor.

"¡Tienes que esperar que la luz cambie a verde!", observaba con bastante firmeza.

Esto también se debería aplicar a la vida espiritual. Cuando estamos en una encrucijada, debemos esperar hasta que aparezca una luz verde para poder avanzar. La idea de adelantarnos a Dios puede ser muy tentadora, ¿verdad? ¡A veces Dios parece tardarse demasiado tiempo para darnos el cambio de luz!

Siempre que he tratado de adelantarme al tiempo perfecto de Dios, he terminado por lamentarlo. Cuando no hay una luz verde clara, Dios quiere que esperemos. El mismo David, el hombre conforme al corazón de Dios, nos anima a ser pacientes: "Espera con paciencia al Señor; sé valiente y esforzado; sí, espera al Señor con paciencia" (Sal. 27:14).

Solo Dios sabe el camino que hay por delante. Así que, cuando no estamos seguros de lo que debemos hacer, escojamos esperar en el Señor con fe, sin hacer nada. Como escribió J. I. Packer: "Cuando haya que actuar, aparecerá la luz". Debió tener el mismo instructor de manejo que yo.

> *Siempre vale la pena esperar*
> *por la luz verde de Dios.*

❧ Cinco minutos en la Palabra ☙

"La fe es la confianza de que en verdad sucederá lo que esperamos;
es lo que nos da la certeza de las cosas que no podemos ver".
Hebreos 11:1

"Señor, escucha mi voz por la mañana; cada mañana
llevo a ti mis peticiones y quedo a la espera".
Salmo 5:3

"La voz del Señor retuerce los fuertes robles y desnuda
los bosques. En su templo todos gritan: ¡Gloria!'".
Salmo 29:9

"Recibimos esa esperanza cuando fuimos salvos.
(Si uno ya tiene algo, no necesita esperarlo;
pero si deseamos algo que todavía no tenemos,
debemos esperar con paciencia y confianza)".
Romanos 8:24–25

*"Con paciencia esperé que el Señor me ayudara,
y Él se fijó en mí y oyó mi clamor".*
Salmo 40:1

Dios está allí para nosotros

¿Cómo cree usted que es la vida de una persona cuando Dios está con ella? ¿Cuáles podrían ser las características de una vida favorecida? Permítame sugerirle algunas:

Obtenemos el trabajo que habíamos solicitado.

Nuestros matrimonios están cada vez mejor, porque nos amamos cada día más.

Nuestros hijos honran a Dios con sus vidas y nunca le dan la espalda.

Nos encontramos en excelente forma desde el punto de vista financiero.

Usted entiende la idea. Si Dios está con nosotros, la vida debe funcionar bien. Sin embargo, José, nuestro amigo del Antiguo Testamento, tiene una historia diferente que contar.

La primera vez que encontramos a José es en Génesis 37, cuando solo tenía diecisiete años, y sus diez hermanos mayores lo odiaban profundamente. José era el favorito de su padre (Jacob nunca trató de ocultarlo) y era el más consentido (sin olvidar que era un hermanito bastante odioso). Así que, cuando los diez hermanos tuvieron la oportunidad de deshacerse de José, lo hicieron. Lo lanzaron en un pozo vacío para que muriera, pero luego se arrepintieron y lo vendieron a una caravana de comerciantes que se dirigían a Egipto. Cuando los comerciantes se lo vendieron a Potifar, un capitán de la guardia del Faraón, vemos por primera vez la siguiente frase: "El Señor estaba con José" (39:2) ¿En serio? ¿Ser vendido como esclavo no era más bien una señal de que Dios lo había abandonado?

Luego, la esposa del jefe de José trató de seducirlo y, como él no respondió a sus avances, ella lo acusó que querer violarla, por lo que José fue enviado a prisión. Nuevamente vemos la frase: "El Señor estaba con José" (39:21). Si el Señor realmente estaba con José, ¿no habría sido lógico que lo defendiera después de haber realizado la buena acción de rechazar a la esposa de Potifar?

Bueno, José se portó bien en la cárcel y fue puesto a cargo de los otros prisioneros. Varios años después, tuvo la oportunidad de interpretar los sueños de dos de los antiguos sirvientes del Faraón, que también habían sido encarcelados. Cuando uno de ellos estaba a punto de ser liberado, José le hizo esta simple petición: "Cuando salgas de aquí, ¿le dirías por favor al Faraón que yo no soy culpable de lo que se me acusa?" (el parafraseo es mío). No era una tarea difícil, pero aquel hombre lo olvidó y José pasó dos años más en prisión.

En resumen, cuando José finalmente salió y se encontró cara a cara con los hermanos que lo habían traicionado, hizo esta importante afirmación: "Ustedes se propusieron hacerme mal, pero Dios dispuso todo para bien" (50:20).

Que nosotros, como José, también podamos confiar en que Dios hace lo correcto el día de hoy. Independientemente de lo que esté pasando en nuestras vidas, nuestro Redentor soberano trabaja para nuestro bien.

> *El Señor siempre está con nosotros*
> *y trabajando para nuestro bien.*

～ Cinco minutos en la Palabra ～

"El encargado no tenía de qué preocuparse, porque José se ocupaba de todo. El Señor estaba con él y lo prosperaba en todo lo que hacía".
Génesis 39:23

"Nadie podrá hacerte frente mientras vivas.
Pues yo estaré contigo como estuve con Moisés.
No te fallaré ni te abandonaré".
Josué 1:5

"No amen el dinero; estén contentos con lo que tienen,
pues Dios ha dicho: 'Nunca te fallaré. Jamás te abandonaré'".
Hebreos: 13:5

"Por lo tanto, vayan y hagan discípulos de todas las naciones,
bautizándolos en el nombre del Padre y del Hijo y del Espíritu
Santo. Enseñen a los nuevos discípulos a obedecer todos los
mandatos que les he dado. Y tengan por seguro esto: que
estoy con ustedes siempre, hasta el fin de los tiempos".
Mateo 28:19–20

"Porque soy recto, te veré; cuando despierte, te
veré cara a cara y quedaré satisfecho".
Salmo 17:15

Marcados para la vida eterna

A veces, el año nuevo no comienza con buen pie. Un ejemplo específico: terminé el año con influenza, lo que se convirtió en una neumonía que se extendió durante varias semanas del año nuevo. Luego, una mañana, cuando salía de la cama, mi pierna derecha no me respondió. Logré volver a usarla con normalidad, pero el dolor era intenso. Mi doctor me envió a un especialista en dolores, el cual me dio un calmante y trató de bloquear el dolor tres veces, sin éxito. Finalmente, me envió a un neurocirujano, ya que la única opción que quedaba era la cirugía. El cirujano me explicó que debía cortar por detrás para eliminar un disco de mi espina dorsal, y por delante para remover otro.

"Le quedarán dos cicatrices verticales de seis pulgadas en cada lado" —me dijo—. "Creo que los días de bikini se acabaron".

Le informé que al haber crecido como bautista en Escocia, ¡los días de bikini se habían acabado cuando cumplí tres años!

La cirugía salió bien, y por la gracia de Dios tuve una excelente recuperación. Mientras sanaban las cicatrices, pude notar que ahora mi cuerpo tenía unas marcas interesantes. El año anterior me habían hecho una cirugía para retirar un tumor benigno, así que ya tenía una cicatriz horizontal de tres pulgadas en el estómago. Cuando quitaron las vendas, noté que tenía la imagen perfecta de una cruz.

Por muy extraño que pueda parecer, esa marca me gusta mucho. Ahora tengo un recordatorio permanente de que soy seguidora de un Salvador que hizo la elección de quedar marcado por usted y por mí. Jesús escogió las cicatrices que nos sanaron a nosotros. Él se puso nuestros zapatos y sintió nuestro dolor. Gracias a su inmenso amor por nosotros, permitió que se le golpeara brutalmente, que destrozaran la carne de su espalda y que su cuerpo fuese perforado por nuestras transgresiones. En Él podemos ser perdonados por nuestros pecados y tener la libertad de estar en una relación con nuestro Padre celestial.

¡Aleluya, que gran Salvador!

> *Jesús escogió llevar las cicatrices*
> *que nos libraron del pecado y*
> *nos dieron la vida eterna.*

～⤸ Cinco minutos en la Palabra ⤸～

"Él sana a los de corazón quebrantado
y les venda las heridas".
Salmo 147:3

"Pero Él fue traspasado por nuestras rebeliones
y aplastado por nuestros pecados. Fue golpeado
para que nosotros estuviéramos en paz,
fue azotado para que pudiéramos ser sanados".
Isaías 53:5

"Le quitaron la ropa y le pusieron un manto escarlata.
Armaron una corona con ramas de espinos y se la pusieron
en la cabeza y le colocaron una caña de junco en la mano
derecha como si fuera un cetro. Luego se arrodillaron
burlonamente delante de Él mientras se mofaban:

¡Viva el rey de los judíos!'. Lo escupieron,
le quitaron la caña de junco y lo golpearon en la
cabeza con ella. Cuando al fin se cansaron de hacerle
burla, le quitaron el manto y volvieron a ponerle su
propia ropa. Luego lo llevaron para crucificarlo".
Mateo 27:28–31

"Fue oprimido y tratado con crueldad, sin embargo,
no dijo ni una sola palabra. Como cordero fue llevado al matadero.
Y como oveja en silencio ante sus trasquiladores, no abrió su boca".
Isaías 53:7

"Fue oprimido y tratado con crueldad,
sin embargo, no dijo ni una sola palabra.
Como cordero fue llevado al matadero.
Y como oveja en silencio ante sus trasquiladores,
no abrió su boca".
Juan 1:29

Orar sin ocultar nada

Lo que hizo Jesús ese día fue algo muy poco usual, pero el texto dice que su Padre le había dado una asignación. Según el apóstol Juan: "En el camino, tenía que pasar por Samaria" (Jn. 4:4). En la versión griega, las palabras *tenía que* no significan que esa era la única opción que tenían para viajar, sino más bien que Jesús se sintió obligado a tomar esta vía. Después de todo, ningún judío escogería deliberadamente una ruta que cruzara Samaria, ya que los judíos evitaban a los samaritanos a toda costa, debido a su mestizaje. Pero Jesús iba en una misión de rescate y era guiado por el Espíritu Santo.

Si conoce la historia, recordará que la mujer que Jesús encontró en el pozo de Samaria había estado casada cinco veces y en ese momento vivía con un hombre que no era su esposo. ¿Cómo había terminado esta mujer en una situación como esa? Ninguna mujer joven sueña que su vida terminará así. Bien, yo tengo una teoría al respecto.

Estoy segura de que esta mujer estaba enamorada del primer hombre con el que se casó pero, si no podía tener hijos, probablemente él le dio carta de divorcio rápidamente. Y en aquellos días, a nadie le gustaban las mujeres jóvenes divorciadas, así que seguramente se sintió muy contenta al recibir otra propuesta de matrimonio. ¿Quién sabe qué ocurrió en ese matrimonio? ¿O en el siguiente? ¿O en el siguiente? Cuando tuvo el encuentro con Jesús, esta mujer estaba agradecida simplemente por tener un techo bajo el cual vivir, aunque no tuviera un anillo en su dedo.

Cuando Jesús le pidió que fuese a llamar a su esposo, ella le contestó que no era casada. Jesús le dijo: "Has tenido cinco esposos y ni siquiera estás casada con el hombre con el que ahora vives" (Jn. 4:18). La mujer se quedó atónita al ver que un rabino judío conocía su vida privada. Asumiendo que Jesús era un profeta, trató de conversar con Él sobre cuál era el lugar correcto para adorar. Pero Jesús fue directo al corazón de la adoración y dijo: "Dios es Espíritu, por eso todos los que lo adoran deben hacerlo en espíritu y en verdad" (v. 24). Aquí, la palabra *verdad* significa "sin nada que esconder". Y ese es el tipo de adoración al que usted y yo hemos sido llamados.

Ya Jesús conoce nuestros secretos y nuestra vergüenza, y aun así nos invita a ir, tal como somos, a la luz de su presencia para darnos su amor. Cuando finalmente entendemos que Dios sabe todo sobre nosotros, y que aun así nos ama profundamente, nuestras vidas cambian.

Una observación en la historia: la mujer samaritana se convirtió en la primera misionera de su pueblo. "¡Vengan a ver a un hombre que me dijo todo lo que he hecho en mi vida! ¿No será este el Mesías?" (4:29).

> *Adore al Único que le conoce completamente, y sepa que usted está cubierto con su amor inmutable.*

᳐ Cinco minutos en la Palabra ᳐

"Pues Dios es Espíritu, por eso todos los que lo adoran deben hacerlo en espíritu y en verdad".
Juan 4:24

"Y conocerán la verdad, y la verdad los hará libres".
Juan 8:32

*"Guíame con tu verdad y enséñame, porque tú eres el Dios
que me salva. Todo el día pongo en ti mi esperanza".*
Salmo 25:5

*"El amor inagotable y la verdad se encontraron;
¡la justicia y la paz se besaron! La verdad brota desde
la tierra, y la justicia sonríe desde los cielos".*
Salmo 85:10–11

*"Por lo tanto, mentimos si afirmamos que tenemos comunión
con Dios pero seguimos viviendo en oscuridad espiritual;
no estamos practicando la verdad. Si vivimos en la luz,
así como Dios está en la luz, entonces tenemos comunión unos con
otros, y la sangre de Jesús, su Hijo, nos limpia de todo pecado".*
1 Juan 1:6–7

Totalmente inservible

Pasé un año increíble trabajando con adolescentes que sufrían problemas emocionales; quizás las personas más maltratadas y problemáticas que existen. La vida de uno de esos chicos en particular, al cual llamaré Sam, era una pesadilla.

Sam estaba bajo mi cuidado desde domingo en la noche hasta el viernes en la tarde y, si él quería, podía ir a su casa el fin de semana. Su profunda lealtad hacia su familia disfuncional me dejó muy asombrada. Su padre era un alcohólico violento, y su madre una pobre mujer que había sido maltratada. Sam llegaba al centro los domingos en la noche lleno de moretones, insistiendo en que se había caído por las escaleras o de la bicicleta, y yo no podía hacer absolutamente nada. Había llegado a nuestra consulta debido a sus explosiones en la escuela, pero aún tenía derecho de volver al hogar que había destruido su concepto del amor.

Lloré por Sam de rodillas.

Luché con Dios por la vida de este chico.

Le supliqué a Dios que interviniera.

Le pregunté a Dios: *¿Cómo puede Sam decir que nada lo separará nunca de tu amor, cuando recibe insultos y golpes que le indican lo contrario?*

Cuando terminó mi año en el centro, le dije a Sam que seguiría orando por él. También le dije que a veces la oración más poderosa es una simple palabra: "¡Jesús!".

Unos años después, volví a desempeñarme como oradora. Al final de la tarde, me encontraba recogiendo mis cosas en el vestidor cuando tocaron la puerta. Era Sam. Con lágrimas corriendo por su rostro, me contó con cuanta frecuencia había pronunciado esa simple oración y que ahora Jesús era el pilar de su vida. ¡Así es el amor ilimitado de nuestro Dios!

Como dijo Jesús: "El Hijo del Hombre vino a buscar y a salvar a los que están perdidos" (Lc. 19:10). La palabra traducida como *perdidos* aquí es *apollymi*, que significa devastados, arruinados, totalmente inservibles".

¿Conoce usted a alguien—o es usted ese alguien—que ha sido avasallado por las circunstancias de la vida? Sepa que no hay ningún tipo de herida que no pueda ser sanada por Jesús.

> *Jesús vino por aquellos de entre nosotros que han sido considerados completamente inservibles.*

~✿~ Cinco minutos en la Palabra ~✿~

"Pues el Hijo del hombre vino a buscar y a salvar a los que están perdidos".
Lucas 19:10

"Si un hombre tiene cien ovejas y una de ellas se pierde, ¿qué hará? ¿No dejará las otras noventa y nueve en el desierto y saldrá a buscar la perdida hasta que la encuentre? Y, cuando la encuentre, la cargará con alegría en sus hombros y la llevará a su casa".
Lucas 15:4—5

"Cuando los fariseos vieron esto, preguntaron a los discípulos:
'¿Por qué su maestro come con semejante escoria?'.
Cuando Jesús los oyó, les dijo:
'La gente sana no necesita médico, los enfermos sí'".
Mateo 9:11–12

"La siguiente declaración es digna de confianza, y todos
deberían aceptarla: 'Cristo Jesús vino al mundo para salvar
a los pecadores', de los cuales yo soy el peor de todos".
1 Timoteo 1:15

"Y estoy convencido de que nada podrá jamás separarnos del
amor de Dios. Ni la muerte ni la vida, ni ángeles ni demonios, ni
nuestros temores de hoy ni nuestras preocupaciones de mañana.
Ni siquiera los poderes del infierno pueden separarnos del amor
de Dios. Ningún poder en las alturas ni en las profundidades, de
hecho, nada en toda la creación podrá jamás separarnos del
amor de Dios, que está revelado en Cristo Jesús nuestro Señor".
Romanos 8:38–39

Una vida santa

Un día, estando en el centro comercial, le pregunté a un grupo cualquiera de adolescentes, qué significaba para ellos la palabra *santidad*. Se quedaron en silencio hasta que una de las chicas dijo:

"Tiene algo que ver con religión".

Otra chica añadió:

"Creo que es el nombre de la iglesia que está al final de la calle donde vivimos".

En estos días, la palabra *santidad* no es nada popular, ni siquiera en las iglesias al final de la calle donde vivimos.

Unos días después, le hice la misma pregunta a un grupo de adolescentes de mi iglesia.

"Significa no tomar alcohol ni drogas", dijo uno de los chicos.

"O sexo —añadió otro—. Significa no tener sexo".

La palabra en hebreo en el Antiguo Testamento para *santo* es *qodesh*, que significa "apartado, puesto aparte, sagrado". En el Nuevo Testamento, el término para *santo* es *hagios*, que significa "apartado, reverenciado, sagrado y digno de venera-ción". Santidad también define un comportamiento que es aceptable para Dios, pero es mucho más que eso. Después de todo, el cristianismo no es un simple programa para cambiar nuestro comportamiento. El cristianismo es un llamado a una relación personal, radical, total, con Jesús, cuyo resultado es una nueva forma de vivir cada instante de cada día. Y uno de los aspectos de esta nueva vida, es la santidad.

Pero no podemos volvernos santos nosotros mismos, como lo reconoció el apóstol Pablo: "He sido crucificado con Cristo, y ya no vivo yo sino que Cristo vive en mí" (Gl. 2:20). Para ser discípulos de Jesucristo necesitamos morir a nuestra naturaleza egoísta, de manera que la vida y el amor de Cristo puedan vivir en nosotros. En otras palabras, cada vez que mi voluntad entre en conflicto con la voluntad de Dios, yo, por el poder del Espíritu Santo, debo doblegar mi voluntad, para que esté en sintonía con la de Dios.

En resumen, la necesidad más grande en nuestro mundo no es que se construya una iglesia nueva, sino que los creyentes estén llenos del amor y el poder de Dios, que brille con fuerza este planeta cada vez más oscuro.

Me encanta lo que dijo el evangelista y profesor D. L. Moody: "Una vida santa tendrá la mayor de las influencias. Los faros no tocan la trompeta, solo brillan".

> *¡Deje que brille su luz!*

⁓ Cinco minutos en la Palabra ⁓

"Jesús habló una vez más al pueblo y dijo: 'Yo soy la luz del mundo. Si ustedes me siguen, no tendrán que andar en la oscuridad porque tendrán la luz que lleva a la vida'".
Juan 8:12

"De la misma manera, dejen que sus buenas acciones brillen a la vista de todos, para que todos alaben a su Padre celestial".
Mateo 5:16

"La luz brilla en la oscuridad, y la oscuridad jamás podrá apagarla".
Juan 1:5

"El camino de los justos es como la primera luz del amanecer, que brilla cada vez más hasta que el día alcanza todo su esplendor".
Proverbios 4:18

"Alimenten a los hambrientos y ayuden a los que están en apuros. Entonces su luz resplandecerá desde la oscuridad, y la oscuridad que los rodea será tan radiante como el mediodía".
Isaías 58:10

Hemos sido escogidos

Entré al elevador e inmediatamente me di cuenta de que algo estaba pasando. El piso estaba cubierto de escarcha y lentejuelas, y había un olor a laca barata en el aire. El elevador se detuvo y dos niñas con sus madres entraron. Las niñas usaban una vestimenta como de concurso y entre las dos tenían suficiente cabello como para hacer morir de la envidia a un salón de banquetes lleno de hombres calvos.

Después de entender lo que estaba pasando, pregunté:

—¿Se acabó el concurso?

—No —me dijo una de las madres—. ¡Todavía falta la coronación!

Dejé mi maletín en mi habitación y decidí asistir al acto. No creí que me dejaran entrar al salón de fiestas, pero todo el mundo estaba tan preocupado por lo que estaba a punto de suceder, que nadie me impidió el paso. Observé a las cinco niñas—las cinco finalistas que competían por el título—subir al escenario para ser evaluadas por los jueces. Cuando anunciaron a la ganadora, miré a las otras cuatro niñas y la expresión en sus rostros rompió mi corazón. El mensaje que recibieron esas cuatro fue: "Tu *no* eres la más bonita. Tu *no* eres la mejor".

Todos recibimos mensajes como ese a lo largo de nuestras vidas. Vivimos en una cultura que valora cosas que tienen muy poco—a veces nada—que ver con nuestro corazón o nuestro carácter, y mucho que ver con nuestra apariencia. ¡Debemos recordar que Dios nunca nos ve de esa forma!

Cuando Dios nos mira ve la belleza de su Hijo, que nos ha dejado limpios y blancos como la nieve.

Cuando Dios la mira, ve a su hija escogida.

Cuando Dios lo mira, hay amor en su mirada . . . solo amor.

¡Dios nos escogió!

⋙ **Cinco minutos en la Palabra** ⋘

"Pero ustedes son linaje escogido,
real sacerdocio, nación santa,
pueblo que pertenece a Dios, para que proclamen
las obras maravillosas de aquel que los llamó
de las tinieblas a su luz admirable".
1 Pedro 2:9 (nvi)

"Así que sacó a su pueblo de Egipto con
alegría, a sus escogidos, con gozo".
Salmo 105:43

"En cambio, Dios eligió lo que el mundo considera ridículo
para avergonzar a los que se creen sabios. Y escogió cosas
que no tienen poder para avergonzar a los poderosos".
1 Corintios 1:27

"Mi amante me dijo:
¡Levántate, amada mía!
¡Ven conmigo, mi bella mujer!'".
Cantares 2:10

"Con respecto a los gentiles, Dios dice en la profecía de Oseas: 'A los que no eran mi pueblo, ahora los llamaré mi pueblo. Y amaré a los que antes no amaba'".

Romanos 9:25

¿Cuánto cree usted que vale?

Cuando Christian estaba en el último año de secundaria, Barry y yo decidimos vender nuestra casa. Ya teníamos algún tiempo sintiendo que era demasiado grande para nosotros y, ahora, frente a la perspectiva de que nuestro hijo fuera a la universidad, tomamos la decisión de buscar un lugar más pequeño.

Nos reunimos con una agente de bienes raíces para discutir los detalles. Mi primera pregunta fue: "¿Cómo deciden el precio correcto de una casa?". Ella me dijo que el costo dependía de varios factores, pero todo se resumía a esto: "Su casa vale lo que alguien esté dispuesto a pagar por ella". ¡Me encantó!

Así que usemos esta pequeña porción de sabiduría inmobiliaria para establecer, de una vez y para siempre, que nuestras vidas valen lo que Alguien esté dispuesto a pagar por ella.

Piense un instante en ello. Jesucristo, el Cordero sin pecado de Dios, abandonó voluntariamente la gloria del cielo para venir a la tierra, donde sería incomprendido, traicionado y brutalmente ejecutado, ¡y lo hizo porque pensó que nuestras vidas valían el precio! Con demasiada frecuencia olvidamos el enorme valor que Cristo nos da.

Tal vez le resulte fácil creer esta verdad sobre el amor de Jesús cuando ese amor va dirigido hacia otras personas, no cuando va dirigido hacia usted. Si es así, coloque su nombre en el siguiente texto de Juan 3:16: "Porque tanto amó Dios a

_____, que dio a su Hijo unigénito, para que, si _____ cree en él, no se pierda, sino que tenga vida eterna".

Si solo miramos a nuestro cónyuge, hijos, carrera o amigos, nunca tendremos una lectura precisa de nuestro verdadero valor. La verdad es que solo el Dios todopoderoso puede determinar eso, y Él decidió desde antes de que naciéramos que valemos la vida de su único Hijo. Usted es un hijo preciado del Rey de reyes.

> *Jesús pagó con su vida el precio*
> *que Él cree que usted vale.*

ᴥ Cinco minutos en la Palabra ᴥ

"Porque tanto amó Dios al mundo, que dio a su Hijo unigénito, para que todo el que cree en Él no se pierda, sino que tenga vida eterna".
Juan 3:16 (NVI)

"Tú creaste las delicadas partes internas de mi cuerpo y me entretejiste en el vientre de mi madre. ¡Gracias por hacerme tan maravillosamente complejo! Tu fino trabajo es maravilloso, lo sé muy bien. Tú me observabas mientras iba cobrando forma en secreto, mientras se entretejían mis partes en la oscuridad de la matriz. Me viste antes de que naciera. Cada día de mi vida estaba registrado en tu libro. Cada momento fue diseñado antes de que un solo día pasara".
Salmo 139:13–16

"Pero Dios mostró el gran amor que nos tiene al enviar a Cristo a morir por nosotros cuando todavía éramos pecadores".
Romanos 5:8

"Esto significa que todo el que pertenece a Cristo se ha convertido en una persona nueva. La vida antigua ha pasado, ¡una nueva vida ha comenzado!".
2 Corintios 5:17

"Pero a todos los que creyeron en Él y lo recibieron, les dio el derecho de llegar a ser hijos de Dios".
Juan 1:12

Tiempo para llorar

Hace años, Barry, nuestra gata Abigaíl y yo, realizamos un largo viaje desde Nashville al condado Orange, en California. Habíamos estimado que el desplazamiento por carretera tendría una duración de treinta horas, así que decidimos que podíamos conducir unas diez horas por día, con lo que tendríamos que pasar solo dos noches en hoteles.

Al principio del viaje, Abigaíl estaba dentro de una jaula en el asiento de atrás, pero eso duró alrededor de dos horas. Barry y yo no pudimos aguantar más sus aullidos, así que la sacamos. Se acostó en la bandeja del parabrisas trasero, y regresó la paz.

Cuando empezó a oscurecer, decidimos detenernos en el primer hotel que viéramos. Al no saber cuál era la política del hotel en relación con las mascotas y sin tener ganas de preguntar, Barry sugirió que escondiera a Abigaíl debajo de mi suéter cuando entráramos al hotel.

Logré esconderle la cola, ¡pero sacaba la cabeza! Si lograba esconderle la cabeza, entonces sacaba la cola o una pata. Simplemente no podía mantenerla escondida debajo de mi suéter.

Bueno, por experiencia propia he descubierto que la pena y el dolor son así. Podemos tratar de esconderlos, podemos hacer lo posible por mantenerlos bien lejos de la superficie, pero ellos no cooperan. Luchan por salir.

Cuando una de mis amigas sufrió una pérdida muy importante y dolorosa, le dijo a su terapeuta que ella simplemente no tenía tiempo de trabajar su dolor. El terapeuta le dijo: "Puedes

llorar ahora y dejar salir tus emociones, o permitir que esos sentimientos se vayan escapando poco a poco y de forma dolorosa durante
el resto de tu vida".

A veces, podemos sentir miedo de experimentar el dolor en su máxi-
ma expresión, por miedo a que pueda avasallarnos. Pero escuche la
promesa de Dios "El Señor está cerca de los que tienen quebrantado el
corazón; Él rescata a los de espíritu destrozado" (Sal. 34:18). Además,
Dios nos ha dado el Espíritu Santo para que sea nuestro Ayudante, pero
solo podemos recibir ayuda cuando admitimos que estamos sufriendo.

Así que, cuando sintamos dolor, démonos el tiempo necesario para
llorar. No debemos temer que las oleadas de dolor nos golpeen. Si,
podemos sentir el dolor más fuerte de nuestras vidas, pero Dios no nos
dejará solos en nuestro sufrimiento. Dios está con nosotros. Siempre.

> *Cuanto más grande es nuestro*
> *dolor, más cerca está Dios.*

∼෨ Cinco minutos en la Palabra ෨∼

"¿Por qué lloras, Ana? —le preguntaba Elcana—.
¿Por qué no comes? ¿Por qué estás desanimada?
¿Solo por no tener hijos? Me tienes a mí,
¿acaso no es mejor que tener diez hijos?".
1 Samuel 1:8

"Vale más llorar que reír; pues entristece el
rostro, pero le hace bien al corazón".
Eclesiastés 7:3 (NVI)

"Pero ahora, oh Jacob, escucha al Señor, quien te creó.
Oh Israel, el que te formó dice: "No tengas miedo,
porque he pagado tu rescate; te he llamado por tu nombre; eres mío.

Cuando pases por aguas profundas,
yo estaré contigo. Cuando pases por ríos de dificultad,
no te ahogarás. Cuando pases por el fuego de la opresión,
no te quemarás; las llamas no te consumirán".
Isaías 43:1–2

"Desde los extremos de la tierra, clamo a ti por ayuda
cuando mi corazón está abrumado. Guíame a la imponente
roca de seguridad, porque tú eres mi amparo seguro, una
fortaleza donde mis enemigos no pueden alcanzarme".
Salmo 61:2–3

"Por todos lados nos presionan las dificultades, pero no nos
aplastan. Estamos perplejos pero no caemos en la desesperación.
Somos perseguidos pero nunca abandonados por Dios. Somos
derribados, pero no destruidos. Mediante el sufrimiento, nuestro
cuerpo sigue participando de la muerte de Jesús, para que
la vida de Jesús también pueda verse en nuestro cuerpo".
2 Corintios 4:8–10

Sanación para un corazón roto

Esta es la pregunta más capciosa que una esposa le puede hacer a su esposo:

"¿Cómo me veo?".

No hay respuesta correcta para esa pregunta. Si él dice: "¡Me encanta ese vestido!", ella inmediatamente se preguntará que tenía de malo el que se puso antes.

Si él dice: "No es que me guste mucho esa falda", ella escuchará: "No es que me gustes mucho tú" o: "¿En qué estabas pensando cuando la compraste?" o: "¡Parece que te tragaste a los niños!"

He descubierto que un hijo adolescente puede ser de gran ayuda para salir de este punto muerto. No tiene nada que perder y, si tiene alguna opinión, con toda seguridad dirá lo que realmente piensa.

Ahora contaré algo sobre mí. Soy de origen escocés, así que la atracción por las rebajas está tatuada en mi ADN. Yo no espero por las meras rebajas. Espero por las ofertas del tipo "¡ofrécenos lo que quieras y llévate el producto!". Por ejemplo, compré un par de jeans que habían sido rebajados de mil dólares (¡Impensable!) a cincuenta y cuatro dólares. O esta era la ganga del año, o un desperdicio de cincuenta y cuatro dólares. No podía decidir.

Así que esperé que Barry y Christian se encontraran tranquilos en el estudio antes de hacer mi entrada. Barry me vio entrar y no dijo nada. Me aclaré la garganta. Christian me miró con una expresión de duda en sus ojos.

—Muy bien —dije valientemente—.Díganme la verdad. ¿Qué les parece?

Silencio.

—Es en serio. Díganme toda verdad. ¡No herirán mis sentimientos!

Christian murmuró:

—Mamá, los años ochenta llamaron, y quieren que les devuelvas sus pantalones.

Bueno, a veces la verdad puede doler un poquito, pero cuando hablamos de nuestra relación con Cristo, la verdad que Él nos transmite sobre el amor que siente por nosotros puede traernos una profunda sanación.

¿Recuerda la historia en Marcos 5, cuando la mujer que cayó a los pies de Jesús no tenía la obligación de decirle toda la verdad sobre sí misma? Ya ella lo había tocado y había quedado totalmente sana. Lo único que tenía que hacer era escabullirse, esperar siete días y presentarse ante el sacerdote con una ofrenda. Luego de eso, sería declarada pura y libre de incorporarse nuevamente a la sociedad.

Pero cuando Jesús hizo una pregunta ("¿Quién me tocó?") ella no se escabulló. A pesar de la enorme multitud, el bullicio y el hecho de que mucha gente lo había tocado, esta mujer sabía que Jesús le hablaba a ella. Era un momento crucial: ¿Escogería salirse del paquete o decir la verdad? Ella hizo su elección, cayó a los pies de Jesús y le contó su historia, la verdad sobre su enfermedad, su sanación, la fe que tenía en el poder y la bondad de Jesús.

¿Alguna vez le ha hablado a Jesús de ese modo? ¿Alguna vez le ha contado en voz alta su historia, sin guardarse nada? Cuando lo hacemos, la respuesta del cielo cambia nuestras vidas, tal y como la respuesta gentil y amorosa de Jesús cambió la vida de esta mujer enferma: "¡Hija, tu fe te ha sanado! Ve en paz" (Mc. 5:34).

> *Enfrentar la verdad de nuestra propia historia puede ser devastador, pero si se la contamos a Jesús, podemos ser sanados.*

❧ Cinco minutos en la Palabra ☙

"Entonces la mujer, asustada y temblando al darse cuenta de lo que le había pasado, se le acercó y se arrodilló delante de Él y le confesó lo que había hecho".
Marcos 5:33

"Señor, ¿quién puede adorar en tu santuario? ¿Quién puede entrar a tu presencia en tu monte santo? Los que llevan una vida intachable y hacen lo correcto, los que dicen la verdad con corazón sincero".
Salmo 15:1–2

"Pero tú deseas honradez desde el vientre y aun allí me enseñas sabiduría".
Salmo 51:6

"El Señor está cerca de todos los que lo invocan, sí, de todos los que lo invocan de verdad".
Salmo 145:18

"Pues Dios es Espíritu, por eso todos los que lo adoran deben hacerlo en espíritu y en verdad".
Juan 4:24

¿Quiere recuperar la salud?

Mi vuelo de conexión se había atrasado, así que fui la última en abordar mi vuelo a casa. Había tenido que correr desde la puerta A4 hasta la puerta B15, así que para el momento en que me desplomé en mi asiento, apenas podía respirar. Me abroché el cinturón rápidamente, y despegamos. La mujer que estaba sentada a mi lado me preguntó si quería goma de mascar y antes de que yo pudiera responder, comenzó a reírse.

—¿Estoy despeinada? —pregunté.

—Bueno, sí, pero no es por eso que me estoy riendo —dijo ella—. Mire lo que estoy leyendo.

Sostenía una copia de mi libro *El refugio de las promesas de Dios*.

—Gracias —dije—. ¿Qué la hizo seleccionar ese libro?

—El hecho de que estoy estancada —dijo ella—. Y he estado estancada durante años.

—Bueno —le dije—. Trate de contarme la historia de su vida en cinco minutos.

—Tomará mucho más que eso —dijo ella.

—También me gustaría escuchar la versión larga, pero primero cuénteme la versión resumida en cinco minutos.

He descubierto que este ejercicio revela de forma efectiva lo que consideramos los momentos más importantes de nuestra vida. En su versión de cinco minutos, de lo único que esta mujer adorable habló fue del esposo que la había abandonado hacía unos años. Las consecuencias y la traición habían sido

devastadores, y ella había decidido definir toda su existencia en base en ese acontecimiento. Por eso que estaba atascada.

Jesús conoció muchas personas que estaban estancadas. El hombre que había estado en el pozo de Betesda durante treintaiocho años es un buen ejemplo. ¿Y qué le dijo Jesús? Su pregunta puede parecer un poco insensible: "¿Te gustaría recuperar la salud?" (Jn. 5:6). La importancia de la pregunta, sin embargo, era mayor que el riesgo de sonar insensible. Para mejorarnos—salir del atascamiento—, tenemos que estar dispuestos a soltar lo que *fue* y a aceptar lo que *es*.

Si yo le pidiera que me contara la historia de su vida en cinco minutos, ¿qué me diría? ¿Cuáles serían los acontecimientos principales, los cambios más decisivos y los momentos más difíciles? Me gustaría que tomara unos minutos el día de hoy para hacer este ejercicio. Cuando contamos nuestra historia en cinco minutos y luego nos damos cuenta de las cosas en las que nos hemos estado enfocando, podemos, por la gracia de Dios, hacer lo necesario para salir del estancamiento.

La vida tiene momentos devastadores, pero tenemos a un Salvador que vino a sanarnos y a darnos esperanzas.

> *Jesús le está preguntando:*
> *"¿Te gustaría recuperar la salud?"*

ᕮ Cinco minutos en la Palabra ᕭ

"Cuando Jesús lo vio y supo que hacía tanto que padecía la enfermedad, le preguntó: '¿Te gustaría recuperar la salud?'".
Juan 5:6

"Jesús le dijo: ¡Ponte de pie, toma tu camilla y anda!'".
Juan 5:8

"Entonces su salvación llegará como el amanecer,
y sus heridas sanarán con rapidez; su justicia los guiará
hacia delante y atrás los protegerá la gloria del Señor.
Entonces cuando ustedes llamen, el Señor les responderá.
'Sí, aquí estoy', les contestará enseguida. 'Levanten
el pesado yugo de la opresión; dejen de señalar con
el dedo y de esparcir rumores maliciosos'".
Isaías 58:8–9

"Pero Él fue traspasado por nuestras rebeliones y aplastado por
nuestros pecados. Fue golpeado para que nosotros estuviéramos
en paz, fue azotado para que pudiéramos ser sanados".
Isaías 53:5

"Porque pensó: 'Si tan solo toco su túnica, quedaré sana".
Mateo 9:21

Deje que el Pastor lo lleve en sus brazos

La primera vez que llevé a Christian a conocer a sus parientes escoceses, tenía apenas dos años. Aunque estaba feliz de conocerlos a todos, lo que más le gustaba era sin duda las ovejas.

Escocia en una tierra de ovejas. En la costa oeste se pueden observar campos y más campos repletos de ovejas muy blancas. Siempre me encantaron las ovejas y la imagen de Cristo como el Buen Pastor que aparece en las Escrituras. He aprendido mucho sobre como Cristo cuida su rebaño con amor estudiando a las ovejas, especialmente a los pastores de los llamados "corderos rechazados".

Los corderos rechazados son aquellos que, por una u otra razón, han sido rechazados por su madre. Si, por ejemplo, una oveja tiene tres borregos y solo tiene suficiente leche para dos, puede rechazar al tercero. Si una oveja es vieja o está enferma, puede rechazar al borrego. Para conservar la vida de esos corderos rechazados, el pastor tiene que llevárselos a su casa y alimentarlos con un biberón. Tiene que cargarlo en brazos para darle calor y para que pueda escuchar el latido de un corazón. Cuando el borrego está lo suficientemente fuerte como para volver a la manada, el pastor lo lleva. Y en la mañana o al final del día, cuando el pastor llama a las ovejas, las primeras en correr hacia él son justamente las rechazadas, porque conocen muy bien su voz.

Cuando mi vida estaba hecha pedazos y fui hospitalizada por depresión, pensé que todo se había acabado. No tenía ni idea de que algo bueno pudiera salir de tal situación. Pero Jesús está cerca de nosotros cuando estamos devastados, y nos lleva en sus brazos durante el tiempo que necesitemos. No es que nos ame más que las ovejas que son más fuertes, es solo que tenemos el privilegio de experimentar su tierno amor de manera personal, lo que nos hace confiar en la grandeza de su amor por nosotros. Jesús me rescató a mí, un cordero rechazado, y me cuidó hasta que volví a estar fuerte y sana. El resultado fue que comprendí de forma especial cuán grande es su amor por mí. Lo que empezó como una mala noticia terminó siendo la mejor noticia de todas: Jesús en verdad ama a los corderos rechazados.

Si usted se encuentra en una situación difícil, deje que el Cordero le tome en sus brazos. Únase a las manadas de corderos rechazados como yo y tantos otros, que, en medio del silencio, han aprendido a reconocer la voz vigorizante del Pastor.

> *Cuando estamos perdidos o deprimidos, tenemos la oportunidad de conocer el amor de Dios más profundamente.*

✽ Cinco minutos en la Palabra ✽

"Yo soy el buen pastor. El buen pastor da su vida en sacrificio por las ovejas".
Juan 10:11

"El portero le abre la puerta, y las ovejas reconocen la voz del pastor y se le acercan. Él llama a cada una de sus ovejas por su nombre y las lleva fuera del redil. Una vez reunido su propio rebaño, camina delante de las ovejas, y ellas lo siguen porque conocen su voz".
Juan 10:3–4

"Yo soy el buen pastor; conozco a mis ovejas, y ellas me conocen a mí, como también mi Padre me conoce a mí, y yo conozco al Padre. Así que sacrifico mi vida por las ovejas".
Juan 10:14–15

"El Señor está cerca de los que tienen quebrantado el corazón; Él rescata a los de espíritu destrozado".
Salmo 34:18

"Él sana a los de corazón quebrantado y les venda las heridas".
Salmo 147:3

Todo se ha cumplido

Cada palabra pronunciada por Jesús estaba cargada de significado, pero quizás ningunas como las que gritó en la cruz antes de morir: "¡Todo ha terminado!" (Jn. 19:30). Cuanto más conocemos sobre la fe judía en los días de Jesús, más entendemos la importancia de esta afirmación y lo sorprendentes que fueron los hechos que rodearon su muerte.

Fíjese, por ejemplo, en que en el mismo instante en que Jesús pronunció esas palabras, los corderos de la Pascua estaban siendo sacrificados en el templo, que se encontraba apenas a una milla de distancia del Calvario. Según el sistema sacrificial del Antiguo Testamento, la sangre de los corderos debía ser derramada en la Pascua: era la ofrenda de los judíos por la expiación por sus pecados. No obstante, a partir de esta Pascua en particular, ese sistema de larga data fue remplazado por la muerte sacrificial definitiva de Jesús. La sangre derramada del Cordero de Dios, perfecto y sin mancha, fue el pago por los pecados de toda la humanidad, del pasado eterno al futuro eterno.

El evangelista Mateo nos dice que, cuando Jesús pronunció estas palabras finales, la cortina del templo que separaba el Lugar Santo del Lugar Santísimo, se rompió limpiamente en dos partes, de arriba abajo. Ningún hombre pudo haber roto la cortina de arriba hacia abajo (¡Tenía casi veinte metros de altura y diez centímetros de grosor!). Esta cortina había sido el cartel de "No pase" de un espacio donde, solo una vez al año, en

el Día de la Expiación, el sumo sacerdote entraba a ofrecer sacrificios de sangre por los pecados del pueblo. En ese momento, cuando Cristo dijo: "¡Todo ha terminado!", ¡la cortina que separaba al Dios santo de los hombres pecadores, fue removida para siempre!

¿Se imagina qué debieron haber pensado los sacerdotes que estaban en el templo ese día? Tuvieron que haberse dado cuenta de que la única mano que pudo haber hecho esto, era la mano de Dios.

Cuando Jesús dijo: "*Todo* ha terminado", declaró que había hecho lo que Dios lo había mandado a hacer: morir por toda la humanidad pecadora. Cuando Jesús murió y resucitó, nuestros pecados fueron perdonados y fuimos hechos limpios. Así que, cada vez que el enemigo trate de hacernos sentir culpables, o nos quiera hacer dudar de si en verdad fuimos perdonados, citemos a nuestro Salvador y recordémosle al rey de la mentira: "¡Todo ha terminado!".

> *Nuestros pecados fueron perdonados una vez y para siempre. ¡Todo ha terminado!*

‿❧ Cinco minutos en la Palabra ‿❧

"Después de probar el vino, Jesús dijo: '¡Todo ha terminado!'.
Entonces inclinó la cabeza y entregó su espíritu".
Juan 19:30

"Entonces Jesús volvió a gritar y entregó su espíritu.
En ese momento, la cortina del santuario del templo se rasgó en
dos, de arriba abajo. La tierra tembló, las rocas se partieron en dos".
Mateo 27:50–51

"Vengan ahora. Vamos a resolver este asunto —dice el
Señor—. Aunque sus pecados sean como la escarlata, yo

los haré tan blancos como la nieve. Aunque sean rojos
como el carmesí, yo los haré tan blancos como la lana".
Isaías 1:18

"Luego oí una fuerte voz que resonaba por todo el cielo: 'Por
fin han llegado la salvación y el poder, el Reino de nuestro
Dios, y la autoridad de su Cristo. Pues el acusador de nuestros
hermanos —el que los acusa delante de nuestro Dios día y
noche— ha sido lanzado a la tierra. Ellos lo han vencido por
medio de la sangre del Cordero y por el testimonio que dieron. Y
no amaron tanto la vida como para tenerle miedo a la muerte'".
Apocalipsis 12:10–11

"Al día siguiente, Juan vio que Jesús se le acercaba y dijo:
¡Miren! ¡El Cordero de Dios, que quita el pecado del mundo!'".
Juan 1:29

La familia de Dios

El año pasado, mi hijo Christian y yo fuimos por carretera hasta lo profundo del estado de Texas para comprar un cachorrito Yorkshire Terrier. Ya habíamos visto la página de internet de la criadora, y los cachorritos y sus padres eran unas adorables bolitas peludas negras con marrón. Cuando cruzábamos la entrada, perros de todas las razas, formas y tamaños; además de dos pavorreales, cinco cabras y un gallo; vinieron corriendo a recibirnos.

Tocamos la puerta principal y la criadora, Wanda, nos condujo a una pequeña habitación, cerca de la cocina. "Esperen aquí —nos dijo—. Les traeré los cachorros". Pronto Christian y yo nos encontrábamos en el suelo jugando con siete cachorritos alegres que ladraban y se trepaban sobre nosotros. Luego de que Christian hizo su elección, regresamos a nuestra casa en Dallas con Maggie, una cachorrita de doce semanas, en su jaulita.

Bueno, Maggie creció mucho (incluso hoy, parece que sigue creciendo). Le pregunté a nuestra veterinaria qué pensaba sobre el linaje de nuestra Yorkie, ya que crecía con rapidez, y nos dijo: "Su madre puede haber sido una Yorkie, ¡pero aquí debe haber algo más!". Sea cuál sea su raza, Maggie es un miembro muy amado de nuestra familia.

Oro fervientemente para que nosotros, como iglesia, podamos decir lo mismo de cada miembro de la familia de Dios. Creo que estamos en la víspera de un verdadero avivamiento, y mucha de la gente que entrará a borbotones por nuestras puertas no tendrá el aspecto de la multitud perfectamente arreglada de la escuela dominical. Cuando Pablo le escribió a la iglesia de Roma, trató directamente el tema de los estereotipos religiosos y sociales de su época. Algunas de las personas más acaudaladas de la época, así como sus sirvientes, se habían convertido en seguidores de Cristo. Muchos judíos habían encontrado en Cristo la plenitud de su fe, pero tenían problemas en aceptar que los no judíos pertenecieran a la misma familia espiritual. La petición apasionada de Pablo a los cristianos era que entendieran que en Cristo somos una sola familia.

Creo que hemos estados demasiado tiempo en nuestro ambiente cómodo, rodeándonos solo de aquellos individuos que parecen compartir un origen espiritual con nosotros, cuando la verdad es que el suelo donde está la cruz es el mismo para todos. Cualquier persona que podamos encontrar hoy tiene dos cosas en común con nosotros: fue hecha a la imagen de Dios y necesita a Jesús.

¿Le gustaría orar conmigo para que podamos ver a los demás a través de los ojos de Jesús con amor y aceptación, tal y como Él nos ha aceptado a cada uno de nosotros?

> Cristo regresará a buscar a su novia.

⁓ Cinco minutos en la Palabra ⁓

"El cuerpo humano tiene muchas partes, pero las muchas partes forman un cuerpo entero. Lo mismo sucede con el cuerpo de Cristo. Entre nosotros hay algunos que son judíos y otros que son gentiles; algunos son esclavos, y otros son libres. Pero todos fuimos bautizados en un solo cuerpo por un mismo Espíritu, y todos compartimos el mismo Espíritu".
1 Corintios 12:12–13

"Si vivimos en la luz, así como Dios está en la luz, entonces tenemos comunión unos con otros, y la sangre de Jesús, su Hijo, nos limpia de todo pecado".
1 Juan 1:7

"Por lo tanto, siempre que tengamos la oportunidad, hagamos el bien a todos, en especial a los de la familia de la fe".
Gálatas 6:10

"El Cuerpo de Cristo también. Nosotros somos las diversas partes de un solo cuerpo y nos pertenecemos unos a otros".
Romanos 12:5

Dios está con nosotros

Cuando era niña, una tía lejana insistía en tejerme un gorro nuevo todos los años en Navidad. Yo trataba de ser agradecida, pero eran creaciones espantosas. Uno de ellos, el más feo que recuerdo, era violeta con amarillo y tenía enormes aros de lana en la parte de arriba (créanme que si un pájaro volaba lo suficientemente bajo, se enredaría y se lo llevaría volando). Una de las cosas que me dificultaba más recibir de buena gana estos gorros era el hecho de que esta tía le compraba a mi hermano los últimos juguetes que salían al mercado. Cuando le pregunté a mi madre sobre esta obvia diferencia, ella me dijo: "Sus regalos dicen mucho, Sheila. Ella pasa mucho tiempo tejiendo esos gorros". Mi mamá tenía razón al decir que los regalos dicen mucho, así que me olvidé del asunto.

Los regalos que los Magos le llevaron a Jesús también decían mucho. La mirra era usada como un elemento para embalsamar en esos días, lo cual predecía la muerte de Jesús por nuestros pecados. El oro era tan valioso que muchos investigadores creen que José lo usó para cubrir los gastos del viaje a Egipto, siguiendo las instrucciones del ángel para mantener a Jesús sano y salvo luego de que Herodes ordenara la matanza de los niños.

Pero lo más sorprendente para mí, es lo del incienso puro. Se le menciona en el libro de Éxodo, cuando Dios revela el diseño del tabernáculo, el lugar donde Él estaría presente con su pueblo. En Éxodo 30:22–38, se dan instrucciones específicas sobre un

incienso que debía ofrecerse al Señor: "Nunca usen la fórmula para elaborar incienso para ustedes; está reservada para el Señor, y deben tratarlo como algo santo. Cualquiera que prepare incienso igual a este para uso propio será excluido de la comunidad" (vv. 37, 38).

Este incienso debía quemarse frente al Arca del Pacto, en el lugar donde Dios se encontraría con el sumo sacerdote, y claramente significaba la presencia de Dios junto a su pueblo. Y, ¿qué tenía exactamente este incienso de especial? Dios les dio instrucciones de que buscaran especies aromáticas y mezclaran "estas especias aromáticas con incienso puro" (v. 34).

Cuando los magos le llevaron sus obsequios al Niño Jesús, el mensaje era claro: ¡Dios está con nosotros!

> *En este preciso instante, Dios nos ofrece el regalo de su presencia.*

ᘒ Cinco minutos en la Palabra ᘒ

*"Cuando vieron la estrella, ¡se llenaron de alegría!
Entraron en la casa y vieron al niño con su madre,
María, y se inclinaron y lo adoraron.
Luego abrieron sus cofres de tesoro y le dieron
regalos de oro, incienso y mirra".*
Mateo 2:10–11

*"Pues nos ha nacido un niño, un hijo se nos ha dado;
el gobierno descansará sobre sus hombros,
y será llamado: Consejero Maravilloso, Dios
Poderoso, Padre Eterno, Príncipe de Paz".*
Isaías 9:6

"Pero el ángel los tranquilizó. 'No tengan miedo —dijo— . Les traigo buenas noticias que darán gran alegría a toda la gente. ¡El Salvador —sí, el Mesías, el Señor— ha nacido hoy en Belén, la ciudad de David!'".

Lucas 2:10–11

"El pueblo que camina en oscuridad verá una gran luz. Para aquellos que viven en una tierra de densa oscuridad, brillará una luz".

Isaías 9:2

"¡Miren! ¡La virgen concebirá un niño! Dará a luz un hijo, y lo llamarán Emanuel, que significa 'Dios está con nosotros'".

Mateo 1:23

El poder de la palabra de Dios

Es una de las escenas más poderosas de la vida de Jesús, y ocurrió justo antes de que su ministerio público empezara.

Después de ser bautizado por Juan, Jesús fue dirigido por el Espíritu Santo al desierto, donde permaneció cuarenta días, y el diablo lo tentó a hacer *lo que* Dios quería, pero no *de la manera que* Dios quería. Curiosamente, conocemos esta historia porque Jesús debe haberles contado a sus amigos más cercanos lo que pasó. Y era una historia que Jesús consideraba importante compartir porque en esa experiencia, Él estableció los patrones para su ministerio y para nosotros.

Jesús entendía perfectamente el gran poder que tenía a su disposición. Satanás, por supuesto, no nos tentaría a convertir una roca en pan o a lanzarnos del techo de nuestra iglesia o edificio, ya que él conoce nuestros límites. Jesús sabía que Él podía convertir las rocas en alimento y que podía confiar en que los ángeles no lo dejarían caer, pero escogió sufrir, el camino de la cruz, en vez del camino de la gloria y la fama momentáneas.

Las tentaciones que enfrentó Jesús pertenecen a tres categorías:

"Provee para ti mismo". ¡Las cosas materiales hacen a la gente feliz!

"Escoge el poder sin la cruz". ¡Ceder un poco nos ahorrará mucho dolor!

"Demuestra que eres el Mesías". Si lo haces, tendrás seguidores leales de inmediato.

Jesús sufrió este ataque implacable durante cuarenta días. Sus tentaciones fueron mucho más intensas de lo que usted o yo enfrentaremos jamás, y la apuesta era mucho más alta. Si Jesús hubiera flaqueado y sucumbido, todos estaríamos perdidos por nuestros pecados, porque Jesús ya no hubiese sido el Cordero de Dios sin mancha. Pero incluso en su debilidad física, Jesús permaneció firme contra el enemigo. El evangelista Lucas nos revela una de las fuentes de su fortaleza: Jesús respondió a cada tentación con citas directas de la Palabra de Dios. El Hijo de Dios usó la Palabra de Dios contra el enemigo de Dios. ¿Por qué nosotros, simples humanos, haríamos otra cosa?

Cuando Pablo les escribió a los creyentes de Efeso, les describió la armadura espiritual que tenían a su disposición. Pablo llamó a los creyentes a tomar "la espada del Espíritu, la cual es la palabra de Dios" (Ef. 6:17).

Todos enfrentamos tentaciones y, en los días más oscuros, la lucha por nuestras lealtades y nuestras propias almas se vuelve más feroz. Pero Dios nos ha dado lo único que necesitamos: ¡La poderosa verdad que contienen las Escrituras!

> *Que nosotros, como el Hijo de Dios, confiemos en la Palabra de Dios para permanecer firmes en contra del enemigo de Dios.*

⚘ Cinco minutos en la Palabra ⚘

"Entonces el diablo le dijo: 'Si eres el Hijo de Dios, dile a esta piedra que se transforme en pan'. Jesús le dijo: '¡No! Las Escrituras dicen: La gente no vive solo de pan'".
Lucas 4:3–4

*"Que las alabanzas de Dios estén en sus labios y
tengan una espada afilada en las manos".*
Salmo 149:6

*"Pues la palabra de Dios es viva y poderosa. Es más cortante
que cualquier espada de dos filos; penetra entre el alma y el
espíritu, entre la articulación y la médula del hueso. Deja al
descubierto nuestros pensamientos y deseos más íntimos".*
Hebreos 4:12

*"Toda la Escritura es inspirada por Dios y es útil para
enseñarnos lo que es verdad y para hacernos ver lo que está
mal en nuestra vida. Nos corrige cuando estamos equivocados
y nos enseña a hacer lo correcto. Dios la usa para preparar
y capacitar a su pueblo para que haga toda buena obra".*
2 Timoteo 3:16–17

*"La lluvia y la nieve descienden de los cielos y quedan en el suelo
para regar la tierra. Hacen crecer el grano, y producen semillas
para el agricultor y pan para el hambriento. Lo mismo sucede con
mi Palabra. La envío y siempre produce fruto; logrará todo lo que
yo quiero, y prosperará en todos los lugares donde yo la envíe".*
Isaías 55:10–11

¡Vivo y victorioso!

¿Qué persona, viva o muerta, escogería usted para tomarse un café, y por qué?

La pregunta fue planteada en un grupo de damas, en cuya conferencia yo estaría hablando unos meses después. Pensaron que sería divertido incluir algunos juegos de preguntas y respuestas en el programa. Las primeras preguntas eran fáciles. ¿Chocolate o papas fritas? *¡Chocolate!* ¿Película animada favorita? *Buscando a Nemo.* Pero esa tercera pregunta la tuve que pensar un poco, y terminé respondiendo María Magdalena. Ella vivió en carne propia el poder de la maldad, así que su victoria en Cristo sobre el pecado, el sufrimiento y la muerte debió haber sido grandiosa. Sería un honor conocer su ejemplo de fe, amor y adoración de cerca.

Los escritores de los Evangelios nos dicen que María Magdalena estaba poseída por siete demonios (Mc. 16:9; Lc. 8:2) y en las Escrituras el número siete significa "finalización". Aparentemente, esta pobre mujer estaba totalmente poseída por el mal, hasta el día en que estuvo cara a cara con Jesucristo y Él la liberó.

Luego ella vio a su Señor y Salvador sufrir, golpeado, lleno de sangre, subiendo con su cruz a cuestas una colina donde luego sería brutalmente ejecutado. Vio su sangre salpicar el mismo suelo que Él había creado. Luego de que Cristo dio su último respiro, María siguió a Nicodemo y a José, que cargaban su cuerpo hasta la tumba. La mañana siguiente, cuando

aún estaba oscuro, María fue corriendo a ver a Pedro y a Juan y les contó que el cuerpo de Cristo no estaba. Los dos hombres fueron y lo comprobaron por sí mismos; ¡La tumba estaba vacía! Luego de que Pedro y Juan salieron, María miró dentro de la tumba nuevamente y vio dos ángeles. Ellos le preguntaron: "Apreciada mujer, ¿por qué lloras?" (Jn. 20:13).

A la luz de todo lo que había pasado los dos días anteriores, y en realidad durante gran parte de su vida, esa pregunta podría parecer extraña. María podía haber dado una larga lista de razones por las cuales estaba llorando. Y si el cuerpo de Jesús hubiese estado allí ese domingo de Pascua en la mañana, entonces todos tendríamos una razón para llorar. ¡Pero Jesús *no estaba* allí! ¡Él estaba y está vivo!

Mucha gente ha estudiado la vida de los grandes líderes, pero solo los que creemos en Cristo servimos a un Salvador resucitado y victorioso. Él conquistó el pecado y la muerte, y quienes lo llamamos Salvador y Señor haremos lo mismo. Como María Magdalena, ahora tenemos razones para regocijarnos y secar nuestro llanto. Sea lo que sea que estemos enfrentando en este momento, recordemos la tumba vacía: Jesús está vivo y, por esa razón, ¡al final ganaremos!

> *Nuestro Señor no está en la tumba, ¡está vivo!*

~᧞ Cinco minutos en la Palabra ᧞~

"Les he dicho todo lo anterior para que en mí tengan paz.
Aquí en el mundo tendrán muchas pruebas y tristezas;
pero anímense, porque yo he vencido al mundo".
Juan 16:33

"La luz brilla en la oscuridad, y la oscuridad jamás podrá apagarla".
Juan 1:5

"¡No está aquí! Ha resucitado tal como dijo que sucedería.
Vengan, vean el lugar donde estaba su cuerpo".
Mateo 28:6

"Durante los cuarenta días después de que sufrió y
murió, Cristo se apareció varias veces a los apóstoles y
les demostró con muchas pruebas convincentes que Él
realmente estaba vivo. Y les habló del Reino de Dios".
Hechos 1:3

Te invitamos a que visites nuestra página web, donde podrás apreciar la pasión por la publicación de libros y Biblias:

www.casacreacion.com

Para vivir la Palabra